和中小幼教师谈美育

冉乃彦 —— 著

山西出版传媒集团　山西教育出版社

图书在版编目（CIP）数据

和中小幼教师谈美育 / 冉乃彦著. — 太原 ：山西
教育出版社，2019. 3（2020. 6 重印）
 ISBN 978 - 7 - 5440 - 9090 - 2

 Ⅰ. ①和… Ⅱ. ①冉… Ⅲ. ①美育—中小学—师资培
训—教材 ②美育—幼教人员—师资培训—教材 Ⅳ.
①G633. 952. 02 ②G613

中国版本图书馆 CIP 数据核字（2019）第 039722 号

和中小幼教师谈美育

HE ZHONG XIAO YOU JIAOSHI TAN MEIYU

责任编辑　李龙飞
复　　审　康　健
终　　审　潘　峰
装帧设计　陈　晓
印装监制　蔡　洁

出　　版　山西出版传媒集团·山西教育出版社
　　　　　（太原市水西门街馒头巷 7 号　电话：0351 - 4729801　邮编：030002）
印　　装　阳谷毕升印务有限公司
开　　本　720 mm × 1020 mm　1/16
印　　张　12
字　　数　196 千字
版　　次　2019 年 3 月第 1 版　2020 年 6 月第 2 次印刷
书　　号　ISBN 978 - 7 - 5440 - 9090 - 2
定　　价　41.00 元

序 言

　　高尔基曾经说过，美学是未来的伦理学。而基于教育的立场，我愿意一再强调：美学是未来的教育学！

　　作为苏联最伟大的作家之一，高尔基的上述预言显然不是主张美学在未来取代伦理学。他的意思非常明确：伦理要真正变成自由、有效的实践，就必须具有审美的气质。

　　与高尔基异曲同工的另外一个表达，则来自德国美学家席勒。席勒认为，人的生活有力量的国度、伦理的国度、审美的国度之别。力量的国度靠弱肉强食的自然法则运行，伦理的国度靠社会规范的强制维持，而审美的世界，人们对于一切道德的服从均来源于自由人对于美的向往。

　　按照这一逻辑，我坚决主张，现代德育应当尽快建立"德育美学观"，以及基于德美、育美欣赏的"欣赏型德育模式"。不仅如此，我还坚定地认为，全部教育实践都应当建立教育活动的"第三标准"——"善"的标准（教育目的）、"真"的标准（教育规律）之外的美的标准（审美原则）。

　　十多年前，当我提出这一主张时，一位教育学老前辈与我讨论说：现实生活里的中国教育，连教师工资都在拖欠，何谈建立教育活动的审美标准！我当时的解释是：教育活动服从美的规律是不问时代的。因为孔夫子就曾有"兴于诗、立于礼、成于乐"之说。且当现实教育生活中那些成功的教育工作者，酣畅淋漓地完成一堂"最好"教学的时候，实际上他们也就完成了一次"最美"的教学（即教学美的塑造），只不过他们可能处在不自觉的教育美的创造状态罢了。

　　而所谓"美学是未来的教育学"，其实就是主张从现在开始，让审美、立美的教育在全部教育生活里成为教育工作者的自觉，让审美标准成为所有教育实践的基本标准与常识。

学校美育的价值，只有建立在以上前提性认识的条件下，才能得到真正的确证。日常生活里，人们常常有意无意将美育窄化为艺术教育。美育当然包括艺术教育，但真正的美育，显然包括艺术美、自然美、社会美、生活美，尤其包括教育美等所有美的形态对人的全面陶冶。

同时，真正的美育首先是审美精神、立美精神的学习，而非仅仅某些艺术技艺的训练（尽管艺术技巧是重要的，且学习起来并不容易）。而美育的精神实质，乃在于消解对于人的各种异化，求得人格及其发展的自由与完整。从广义上说，美育与全部教育的审美化实质上是一体两面的关系。倡言美学是未来的伦理学，实际上就是主张美育事业是全部教育的使命！

不可否认，在迄今为止的教育现实中学校美育仍然是寥落的。但今日之中国，也是对学校美育呼唤最为强烈的国度。这一点，我们不难从正反两个方面得出结论。

正面来说，中国教育与社会都在升级、转型之中，如何回应人民群众对于高品质教育的需求是中国教育当前最为迫切的任务。而美育的健康发展是高品质教育的最重要象征——这一结论只要对比中国与发达国家的教育差距就不难发现。

而若从反面看，现阶段国人诸多粗俗不堪的不文明行为不仅是德育之耻，也是美育之失。如何帮助全体国民从刚刚解决温饱问题、"吃相难看"的生存状态提升到优雅、文明的高品质生活境界，是当代中国教育，更是美育最重要的任务之一。因此，加强美育，正当其时；投身美育，时不我待。

檀传宝

前　言

　　中国是十分重视教育的国家，又是具有美育深厚传统的国家。"美育"经常出现在党中央、国务院的重要文件中，实施美育成为国家意志。……这在全世界都比较罕见。①最近，党的十九大报告中，已经把"美丽中国"作为强国目标之一。因此，创建独具特色的中国美育，是当代每一所学校、每一个家庭、每一位教师应该完成的光荣使命。

　　2015年国务院办公厅印发《关于全面加强和改进学校美育工作的意见》，提出到2020年，初步形成大中小幼美育相互衔接、教室教学和课外活动相互结合、普及教育与专业教育相互促进、学校美育和社会家庭美育相互联系的具有中国特色的现代化美育体系。

　　美育对于每一个人的发展至关重要。人类追求的最高精神境界是真善美；我们的教育方针的目标是培养德智体美全面发展的人。美育与德育、智育、体育相辅相成、相互促进。美育是我们的教育工作十分重要、不可或缺的内容。

　　美育对一个国家和民族意味着什么？

　　"20世纪50年代，苏联曾先于美国向太空发射了卫星，这使美国人受到很大震动，他们研究了10年后得出结论：自己的教育，且最重要的是艺术教育落后于苏联。……因此，艺术教育对一个国家基本素质的价值不可估量。"②

　　"今日之中国，也是对学校美育呼吁最强烈的国度。……正面来说，中国教育与社会都在升级、转型之中，如何回应人民群众对于高品质教育的需求是中国教育当前最为迫切的任务。而美育的健康发展是高品质教育的最重要象征——这一结论只要对比中国与发达国家的教育差距就不难发现。而若从反面看，现阶段

---

　　① 杜卫：《美育三议》，《文艺研究》2016年第11期。
　　② 赵琳琳：《审美教育家对一个国家和民族意味着什么?》，《广州日报》2009年6月1日。

国人诸多粗俗不堪的不文明行为不仅是德育之耻，也是美育之失。如何帮助全体国民从刚刚解决温饱问题、'吃相难看'的生存状态提升到优雅、文明的高品质生活境界，是当代中国教育，更是美育最重要的任务之一。因此，加强美育，正当其时；投身美育，时不我待。"①

美是古老而又常新的，它至少有四个重要特点：

美是普遍的。爱美之心人皆有之；人人都是艺术家。这是美的普遍性。心理学家黄希庭说过："人类的天性是爱美的。日常生活中，我们经常可以听到：美食、美景、美意、美德、美妙诗句、美观陈设、美轮美奂、美貌女子、美满家庭等对世间美好的人、事、物的赞美言词。欣赏美，向往美，创造美，乃人之常情。②

美是重要的。一是它可以引人达到最高境界，二是它可以助人夯实最深根基。

在席勒看来，美育是实现"人性完善""社会和谐""世界幸福"的必要途径。③

美是艰难的，但人人追求，从未放弃。美学家张世英认为：人生有四个由低到高的境界——欲求境界，求知境界，道德境界，审美境界。而审美境界为最高境界。

美是不封顶的。随着人类的解放，美的内容会得到越来越多的发展，美的发展会达到越来越高的境界。美学的提升达到了元理论的高度，为价值论的形成奠定了基础，成为哲学的三大块之一。真正的美，只有人类才有，而且只有人类能够把美不断提升到新的高度。

本书就是根据教师的需要，从学校当前实际情况出发，以通俗易懂的叙述和案例相结合，将美育为什么重要、什么是美育、美育的任务与内容、美育的方法、美育的途径、审美的年龄特点与美育、美的教师才能培养美的学生、美育的展望等八个内容，提供给读者。

本书的特点是尽量绕开难懂的美学原理，帮助教师在掌握最基本的审美知识、规律和方法的基础上，"道术结合"，适当通过典型案例、具体方法，帮助读者理解美育原理，更好地、创造性地开展学校的美育工作。

① 檀传宝：《美学是未来的教育学》，《人民教育》2015年第15期。
② 赵伶俐，汪宏等：《中国公民审美心理实证研究》，北京大学出版社，2010，第1页。
③ 李范：《论美育》，教育科学出版社，1989，第38页。

目 录

序言 / 1

前言 / 3

一、美育为什么重要?

（一）美是最高境界 / 2

  1. 克服真善的局限性，美育引人达到美的最高境界 / 2

  2. 没有美，就不可能走向高尚 / 3

  3. 美育的突出特点是能够直达心灵 / 4

（二）美育培养真正的人 / 6

  1. 从一个案例说起 / 7

  2. 美育应该从小进行 / 10

  3. 美的人生应该成为人生追求的最高价值目标 / 11

二、什么是美育?

（一）美的追问 / 15

  1. 什么是美? / 16

  2. 美的本质 / 17

  3. 美的来源 / 17

  4. 美的规律 / 19

  5. 海德格尔对美的本质的追问 / 21

（二）审美的过程 / 23

    1. 审美的准备阶段 / 23

    2. 审美的实现阶段 / 24

    3. 审美的成果阶段 / 30

（三）德智体美四育的关系 / 31

    1. 美育与德育的关系 / 31

    2. 美育与智育的关系 / 33

    3. 美育与体育的关系 / 36

三、美育的任务与内容

（一）美育的任务 / 38

    1. 树立正确的审美、立美观点 / 38

    2. 培养发现美的能力 / 40

    3. 培养欣赏美的能力 / 44

    4. 培养表达美的能力 / 47

    5. 培养创造美的能力 / 49

（二）美育的内容 / 52

    1. 自然美 / 52

    2. 社会生活美 / 54

    3. 艺术美 / 58

四、美育的方法

（一）成人的榜样示范 / 63

（二）激发孩子的自我教育能力 / 66

（三）发挥教师、家长的主导作用 / 68

（四）美育的七个具体方法 / 71

    1. 环境熏陶 / 71

    2. 发现、唤醒 / 72

    3. 活动、体验 / 75

    4. 激发、推动 / 76

5.　传授基础知识与技能 / 77

6.　循序渐进 / 79

7.　尊重个性 / 81

五、美育的途径

（一）学校美育 / 83

1.　美育是当前学校教育最薄弱的环节 / 83

2.　美育怎样进课堂 / 87

3.　课堂教学是美育的主渠道——历史、物理等学科中的美 / 95

4.　学校美育课程建设要以艺术课程为主体 / 99

5.　语言美是走向美的世界的第一步 / 107

6.　怎样对待身体美？ / 112

7.　校园之美 / 115

8.　社团活动——以戏剧等综合艺术为例 / 120

（二）学校如何在家校合作中推动家庭美育 / 126

1.　家庭美育的现状 / 126

2.　学校应该重视家庭与学校美育 / 128

3.　家庭美育的重要性与特点 / 128

4.　家校合作中的家庭美育途径 / 132

（三）社会美育 / 136

1.　大自然的美使袁隆平一辈子投身农业 / 136

2.　汉字之美 / 140

3.　诗词之美 / 146

4.　服饰之美 / 151

六、审美的年龄特点与美育

（一）必须掌握未成熟主体审美、立美的年龄特点 / 156

1.　年龄不同，审美、立美特点不同 / 157

2.　年龄不同，美育方法应该不同 / 158

（二）中小幼学生审美、立美的年龄特点及美育 / 159

1. 学龄前儿童的美育特点及教育重点／159

2. 小学生的美育特点及教育重点／161

3. 初中生的美育特点及教育重点／163

4. 高中生的美育特点及教育重点／165

七、美的教师才能培养美的学生

（一）思想上重视美育／167

（二）教师的审美、立美理论修养／168

（三）教师的审美、立美实践修养／169

1. 教师的身体美／169

2. 教师的语言美／171

3. 教师的行为美／171

4. 教师的心灵美／172

（四）教师在教育教学工作中的审美、立美修养／173

八、美育的展望

（一）"顶天"意味着要有认识的高度／179

（二）"立地"意味着要从现实出发／180

（三）"创新"意味着要勇攀高峰／181

后记／184

一、美育为什么重要？

"美育"通常被认为是审美教育、美感教育的简称，1795年由席勒在《关于人的审美教育的书信》中所创。席勒认为审美是人类的必须，是人类完善自我的有效手段。席勒把审美和教育结合在一起，这对于审美来说是一次飞跃。1901年，蔡元培在他的《哲学总论》中提到了"美育"，一直沿用至今。王国维的《孔子之美育主义》一文就是以席勒的美育理论阐发中国孔子美育思想的典范之作。在中国，美育研究方兴未艾。

美育其实应该包括审美和立美两个方面。"建立美的形式（立美）是实践过程，认识美之所在（审美）是认识过程，后者不等于前者。"①从词意来看，审美主要是发现美、欣赏美、鉴别美等认识美的方面；而人类更重要的是改变世界，因此增加"立美"才可以把表达美、创造美纳入，使美育的内涵更为全面、确切。

美育为什么重要？可以用一句话回答：美育能够使孩子获得一生的幸福。因为真正的幸福是达到自由而全面的发展。美育就具有让孩子获得自由而全面的发展的功能，也就是一种真正获得幸福的功能。教育家苏霍姆林斯基甚至强调："如果一个人不能对周围世界进行细致的情感、审美观察，他就不能当教师。"②

美育为什么具有这样重要的功能？主要的理由是两个：一是它可以引人达到最高境界，二是它可以助人夯实最深根基。

---

① 赵宋光：《论美育的功能》，《美学》（年刊），上海文艺出版社，1981。
② 苏霍姆林斯基：《育人三部曲》，人民教育出版社，1998，第579页。

（一）美是最高境界

1. 克服真善的局限性，美育引人达到美的最高境界

"人类生活实践最终、最高的境界，都与美、审美有内在关联。"①人类精神上的最高追求是达到真善美。真善美相互影响，缺一不可，但是唯有美，没有功利性，能够在真善的基础上，克服真与善的局限性，达到最高境界。

马克思无疑是继承了美学思想史上有关"美"的超功利性的观点，但又赋予其以深刻的历史内涵，把它理解为人的历史解放所实现的存在方式本身的固有性质。

下面是发生在教育活动中的两个典型案例，从中我们可以理解"美"如何引人达到最高境界：

> 老师问"雪化了以后有什么？"一个小学生的回答是："迎来了春天！"老师愤怒地画了一个大大的"×"。老师是按照书本上所谓科学的"真"，认为只有回答"雪化了以后，只有污泥"，才是正确答案。其实，这位小学生的回答恰恰是超越了"真"的局限性，达到了美的境界。

> 奶奶不幸得了不治之症，小孙子要去看望奶奶。这时候，小孙子能够按照"诚实"的道德规范，告诉奶奶得了不治之症吗？当然不能。妈妈告诉孩子，"你要对奶奶说：'您得的病一点儿也不严重，养几天就会好的。'"这是美丽的谎言，它是超越了人际关系中"善"的局限性，从而达到了最高境界——美。

人生价值只有通过人的实践活动才能实现，而人的实践活动过程，就具体表现为不断地求真（认识）、求善（改造、占有）、求美（欣赏、立美）的过程。因此，真善美是人生价值的基本形态，而美是人生价值的最高形态。

从教育实践看，单纯的智育只能使学生获得知识，单纯的德育只能解决伦理规范的问题，唯有美育才能克服它们的局限性，引导人走向内心的自觉。因此，

---

① 檀传宝：《美学是未来的教育学》，华东师范大学出版社，2015，第65页。

可以说，没有美育的教育是半截子教育，正是当前教育存在的误区。

它（人类历史解放之日）的实现，既意味着真正的艺术的来临，同时也意味着共产主义的来临。毋宁说，这两者原本就是一回事。①美使人达到最高境界，然而美育的彻底实现，又是与人类的彻底解放相联系。因此，真正实现美育，任重而道远！

2. 没有美，就不可能走向高尚

世界上只有人类可以走向高尚，而高尚不能离开美。美超越动物的局限性，体现人的最高本质，即主体性。人不再像动物那样靠本能去面对世界，而是用属人的尺度——符合人的需要的各种尺度去改变对象世界。

"由于美是使人成为主体，彻底摆脱动物界的最后环节，是人的主体性得到全面实现的标志，因此，美是人生价值的最高追求或最高境界。实践不仅创造了对象世界的美、物的美，而且创造了人的美。"②

马克思早在《1844 年经济学哲学手稿》中就已明确区分了这两种视野。他写道："动物只是按照它所属的那个种的尺度和需要来构造，而人却懂得按照任何一个种的尺度来进行生产，并且懂得怎样处处都把内在的尺度运用到对象上去；因此，人也按照美的规律来构造。"

这段论述包含三层意思：一是动物只能囿于它所属的那个物种赋予它的生物学本能的限度去活动，如蜜蜂、海狸、蚂蚁为自己营造巢穴或住所等，从而不存在任何超越性。二是人比动物高明的地方首先表现在，人在可能性上，可以按照任何一个物种自身固有的逻辑来进行生产，例如根据自然律能够制造汽车、轮船、飞机等人造物。但这还未真正显示出人对动物的超越性，因为这个意义上的人的行为仍可被束缚在功利关系的羁绊中，从而处于自然律的支配之下。三是人真正从本质上超越动物的地方，在于能够按照自身固有的内在尺度去生产，即把这一尺度运用到对象领域，赋予其属人的性质。这才是美感的真正的诞

---

① 何中华：《"美"的诠释：从知识论到存在论》，《烟台大学学报（哲学社会科学版）》，2008年第21卷第1期。

② 索雪瑞：《美：人生价值的最高形态》，《理论与现代化》2004年第2期。

生地。①

美还可以反过来影响真与善。一方面"以美启真"。美使人思想获得自由，打破陈规旧律。美能够使人发现世界，发现真理。科学家海森堡认为"美是真理的光辉"；科学家彭加勒说："发明就是选择，选择不可避免地由科学上的美感所支配。"爱因斯坦感叹宇宙充满了和谐之美，他总是在和谐之美处寻找规律。自然科学史上，一些发现就是从美丽的分子结构开始的。另一方面"以美储善"。中国传统文化常常是把美与善相提并论，又美又好的事物才是人们最赞颂的。一个人做了好事情，不但自己内心美滋滋，别人也称赞为美——最美教师、最美少年，这时候美与好是融合在一起的。我们为英雄模范戴红花，让美烘托着善，给人以深刻的印象，激发着善，就是这个道理。

3. 美育的突出特点是能够直达心灵

美育的另一个突出特点是能够直达心灵。美之所以能够使人心灵震撼，使人达到精神上的最高境界，一是因为在美的境界中，内心世界能够得到最真实、最彻底的展示。美是人们在真与善的前提下，比较自由地把握客体，从而充分地达到自我实现的境界。在美的境界中，人自由地发展、自主发挥作用，具有主导地位。

当我们看到俄国画家列宾的名画《伏尔加河上的纤夫》时，心灵都会受到震撼——在被烈日炙烤的焦黄的河岸上，一队蓬头垢面、衣衫褴褛的纤夫，拖着沉重的船，艰难地向前挪动。被奴役的纤夫，他们被迫弯腰低头，但是从他们的眼神中可以看出不屈与不满。尤其是画中的这位少年，更不甘心忍受这样的苦楚。他与众不同的姿态，紧闭的嘴唇，喷火的眼睛，预示着人民总有一天会起来反抗……

试想，如果没有这幅画，我们仅仅从历史知识中知道农奴制，能够得到这么大的震撼吗？正是列宾发挥了主导作用，通过艺术形象，传递了列宾对农奴制的憎恨，激起了人们对人类命运的思考。这就是美育的力量，一种直达心灵的强大力量。

二是因为在美的境界中，美不但有自由的内容，也有自由的形式。"美是内

---

① 何中华:《"美"的诠释：从知识论到存在论》,《烟台大学学报（哲学社会科学版）》,2008年第21卷第1期。

容和形式的统一……美在二者统一的基础上更注重形式，强调内容要显现为生动的形象，美是欣赏的对象。美的内容是自由，美的形式是自由的形式。美的不同表现形态——美的自由形式的特殊展开，是由美的内容和形式的种种复杂联系决定的。" [①]

以画家罗中立的绘画《父亲》为例。

《父亲》画的是中国的一位普通的、贫困的老百姓，人物的形象是人们再熟悉不过的老一辈农民形象。老人枯黑、干瘦的脸上布满了像沟壑、车辙的皱纹，

① 索雪瑞：《美：人生价值的最高形态》，《理论与现代化》2004年第2期。

深陷的眼睛露出了凄楚、迷茫，又带着恳切的目光，像是在缅怀过去，又像是在期待未来，让我们感受到的是善良的目光。干裂的嘴唇似乎已被风干许久，仅剩一颗门牙的嘴里，不知饱尝过多少酸甜苦辣。犹如耙犁一般的带伤的大手，捧着一个破了又被重新锔起的粗瓷碗在喝水。细小汗毛孔里渗出的汗珠不知已滑落多少，稀疏的胡须，还有那象征着悲剧色彩的苦命痣，都无不打上了他艰苦劳动、生活悲惨的烙印……

其实，画家罗中立的父亲是一位工人，油画《父亲》的创作原型，是四川达县的一位老农。罗中立在四川美院附中读书时，曾经住在他家。《父亲》的创作，实际上是融进了画家一生对中国亿万农民的观察和理解。

面对《父亲》，我们感到这是一个饱经沧桑，却又永远对生活充满希望、期待，有着乐观精神的普通老农民。在他身上汇集着中华民族的优秀传统，这种强烈的视觉效果，在观众的心中产生的是一股平凡而又伟大的情感，是撼人心魄的。

正是画家罗中立毫不遮掩自己的思想情感，把农民真实地表现出来，才使得"父亲"的形象更加真实可信、有血有肉，引起全社会的关注，激起广大观众思想上、情感上的共鸣。

美育能够引人达到最高境界，但是，真正使人达到最高境界并不容易，这里最根本的原因是美是一种进入灵魂的教育，困难在于如何进入内心世界。

进入内心世界，至少需要具备两个条件：一是让学生发现自我，能够通过内心的建构，不断进行自我教育，成为有主体性意识的公民，这是基础条件；二是在成长的过程中，尤其是情感敏感期，能够不失时机地开展审美、立美教育，让孩子们发现美，理解美，进而追求美好的人生。

可是问题是，在孩子们成长的过程中，在应试教育的驱使下，孩子们成了考试机器，失去了自我，满脑子充斥着分数和名次，哪里还有空间可以容纳美？这样的孩子，虽然不至于成为离开人类文明的狼孩，但是肯定也没有美好的人生。当前的这个现实问题，值得每个人深思！

（二）美育培养真正的人

美育能够促使人达到人生发展的最高境界；美育能够助人夯实成人、成才的根基。美育最终的目的是培养真正的人。

教育家蔡元培曾经指出："人人都有感情，而并非都有伟大而高尚的行为，这由于感情推动力的薄弱。要转弱而为强、转薄而为厚，有待于陶养。陶养的工具，为美的对象，陶养的作用，叫作美育。"

美的对象，何以能陶养感情？因为它有两种特性：一是普遍，二是超脱。

……既有普遍性以打破人我的成见，又有超脱性以透出利害的关系；所以当着重要关头，有"富贵不能淫，贫贱不能移，威武不能屈"的气概，甚至有"杀身以成仁"而不"求生以害仁"的勇敢；这种是完全不由知识的计较，而由于感情的陶养，就是不源于智育，而源于美育。

但是要想培养真正的人，具体到每一个孩子来说，目标是什么呢？

1. 从一个案例说起

人们常说："德育搞不好出危险品，智育搞不好出次品，体育搞不好出废品。"那么，美育搞不好，是什么结果呢？

近些年，追求美成为一种社会风尚，这是走向小康社会的必然现象，可是凶杀案、校园暴力也在升级。这相互矛盾的两种现象，是不是与教育上存在的问题有关呢？的确需要我们反思。让我们先从高才生投毒杀害同学的案件说起：

……

复旦大学高才生林某某投毒杀害同学黄某，在一审宣判死刑之前，他接受了中央电视台的专访。专访中，他告诉记者，对于自己性格中的"矛盾"，他自己都无法解释。不过，在他断断续续的回答中，我们还是可以看到一些蛛丝马迹。

记者：你能解释吗？就是自己性格中这种巨大的反差。

林某某：……可能还是跟我做事不计后果这个习惯有关。伤害别人身体的这种行为，好像在我这里不是我的一个底线。

记者：为什么最基本的东西，当你长到这么大，而且你的智商这么高的时候，反而没有具备？

林某某：不知道。我觉得这些东西是需要学习的，就是你做事的习惯方式、思维方式是需要学习的。除非在你很小的时候，在你的家庭、周围存在那种很强烈的、反反复复的刺激，导致你头脑里从小就形成这种习惯。要是没有，那么你长大之后要学习，必须要经过反复、不断地强化。

记者：你学习过吗？

林某某：我没有，跟我的成长过程有关。因为一路走来，我的成绩都还可以，在别人看来我可能有点自以为是。

从这段谈话可以看出，林某某不敬畏生命，缺少绝不能"伤害别人身体"的认识底线，是因为他从小缺乏这种对自己和他人美好人生负责任的教育，长大以后，也没有强化这方面的教育（应该说不只是他认为的所谓"习惯"）。不敬畏生命，不懂得生命如何走向美好，不理解什么是美好的人生，这就是林某某虽然知识渊博，但仍然变成了杀人犯的重要原因。

从这个案例出发，站在教育工作者的角度，我们应该做更深层的反思：

缺少触及灵魂的教育。

为什么高才生成为杀人犯？他自己说的是"我做事不计后果""伤害别人身体的这种行为，好像在我这里不是我的一个底线"。

他自己说不清楚的原因，其实就是"最基本的东西"的缺失。这个"最基本的东西"是什么？实际就是在他内心世界中，缺失了对生命本质的认识、对生命的敬畏、对人生价值的理解。一个大学的高才生竟然缺乏这些最基本的东西，说明我们从小到大的教育，并没有触及这位高才生的灵魂，这难道不应当引起我们对教育工作的深思吗？

在我们的教育思想中、教育纲要中，甚至在课本的编写中，不乏各种道德教育、理想教育的内容。然而为什么没有进入学生们的心灵？怎样才能使教育触及灵魂呢？

日常生活中，我们把"好看""好听"叫作美，这只是从感官上给人一种愉悦感。

人的本质力量在实践中的对象化，才是美的本质。如果我们的审美教育没有达到这样的层次，自然不会进入人的内心世界，也无法触及灵魂。

没有美育，就是半截子教育。

真善美是人类一切理想境界的最完整标志。"真"侧重于人掌握客观规律，"善"侧重于掌握人的需要，也就是说，人只有满足自己爱的需要、交往的需要和社会道德规范的需要才能达到"善"。而"美"则侧重于在前两者的前提下，超越"真"（例如过去梦想的"千里眼"和"顺风耳"，现在已经成为现实）和超越"善"（例如超越道德中的诚实规范，做好事不留真名）各自的片面性，比较自由地、自主地把握客体，从而充分地达到自我实现的境界，也就是最高的美的境界。

教育家蔡元培曾经指出："……美育者，与智育相辅而行，以图德育之完成者也。"他强调的是：美育是辅助德育完成的有力工具。也就是说，美育就是这样一种潜移默化地影响人的情感、净化人的心灵的工具，它的作用是帮助德育完成任务。现在，事实的确证明：如果缺少美育，学生没有动情，仅仅满足于宣誓和背诵道德条文，德育就没有可能真正完成。

所以说，没有美育就是半截子教育。有学者指出：不重视美学的教育是残缺的教育。美育搞不好，培养出来的只能是半成品。

我们的教育，为什么缺失了美育？

不能不说，应试教育的大环境，使得许多学生在成长过程中，把应试放到第一的位置，这时候，他们拥有的只能是为了分数而死记硬背的"知识"。可以设想，如果一个人满脑子都是名次、分数，心中只有个人的得失，也就是在他们的内心世界中只想为名次、成绩"拼搏"的时候，已经很难容下其他的东西，更不用说真善美了。

另一方面，学生成长中接触的是真实的社会环境，而当今的社会中，有些人把钱、实惠、名利看得至高无上，这种思想是和真善美背道而驰的，它已经通过各种渠道，慢慢渗透到孩子们的生活与思想当中。

著名作家杨绛沉痛地讲过一件事情："我对现代教育知道的不多。从报上读到过一则故事。美术家韩美林作了一幅画，送给两三岁的小朋友，小孩子高高兴兴地回去了，又很快把画拿来要韩美林签名，韩美林问他签名干什么用，小孩子说：'您签了名，这画才值钱！'可惜呀，这么小的孩子已受到社会不良风气的影响，价值观的教育难道不应引起注意吗？"

可想而知，一个没有通过美育打下丰实的基础，没有识别美丑能力的学生，面对这些不良风气，他既不可能躲进一个纯洁的空间，又没有自我抵御的能力，他们的健康成长，自然是很难的，更不要说成为顶天立地、具有高尚美德的新一代。

2. 美育应该从小进行

那么，怎样将美育与智育结合？美育怎样才能成为辅助德育完成的有力工具？美育应该从小进行，不搞半截子教育，这应该是一个重要的经验。

美育的优势是能够调动人的感知、情感、想象、理解和发现自我，通过这些丰富多样的心理活动，教育才能直达人的心灵。而一个人的童年时期情感感受性更强，应该说正是开展美育的最好时机。

我曾经不明白，苏霍姆林斯基作为一位著名的教育家，为什么花了大量时间写了1200个童话故事？有一年我去乌克兰访问，看到了他们大量出版的精美的童话书籍，看到了在中小学幼儿园里有十分动情的童话演出，看到帕夫雷什中学精心策划修建的童话室，我才逐步明白，他们是把美育从小进行落到了实处。

苏霍姆林斯基认为："童话与美是分不开的，并有助于美感的培育，没有美感，就不能想象有高尚的心灵和对他人的不幸、悲伤和痛苦的真诚的同情心。[1]"

例如，苏霍姆林斯基写过这样一篇童话：

在夜莺面前觉得羞愧

奥丽雅和丽达选择了去森林里玩。她们走啊，走啊，在路上走累了，就坐下来休息。她们掏出来袋子里的面包、鸡蛋、黄油，开始吃加餐。

树上落着一只唱歌的夜莺，它美丽的歌声迷住了奥丽雅和丽达。他俩坐着，不敢动一动，直到它的歌声停了下来。

这时候，奥丽雅把吃剩下的垃圾扔进了灌木丛。而丽达则把这些垃圾收

---

[1]　苏霍姆林斯基：《育人三部曲》，人民教育出版社，1998，第188页。

起来，放进一个袋子里。

奥丽雅问："你为什么把这些垃圾收起来？在树林中并没有人看见。"

丽达静静地说："在夜莺面前我觉得羞愧。"

苏霍姆林斯基在这里用儿童最容易理解的故事赞颂了美好的感情，让这种美好的感情，更加放大、更加升华，它将始终陪伴着孩子的人生旅程。

这篇童话传递了苏霍姆林斯基的一个重要的教育思想：这里特别重要的一点是，孩子做了不体面的事，受到责备主要不是来自年长的人，而是来自孩子本人。年长的人只能去点燃善良思想的火花。因此，他十分重视早期通过童话进行教育，他认为这是一种"润物细无声"的美感教育，是能够激发自我教育的道德审美教育。

回过头来，想想我们的教育，为什么问题层出不穷？是不是正是从小缺少了美育这个重要环节？当孩子一入学，家长就用考上清华北大的目标引领他，用堆积如山的作业折磨他，除了为了分数盲目拼搏的自我以外，哪里还有美？哪里还能够容得下美？这样的人，考试结束后就把书扔掉，大学毕业以后就专门挑清闲、挣钱多的工作，或者干脆成为啃老族，就不足为怪了。

对于已经度过童年期的青少年来说，如何弥补这个美育的不足？在这里，引用敬一丹的母亲的一句名言："想改变自己，任何时候都不晚！"由于青少年比儿童更加成熟，自觉意识应该更强，只要想改变自己，就会找到符合自己情况的方法，去学习欣赏美、理解美、表达美、创造美。

何况，当代许多学生的内心世界并不都是一片荒原，他们有可能从各种角度，从小接受了一定的美育，或是家庭重视美育，或是学校重视美育，或是在社会上接受了美育。有了一定的审美基础，把握住这些衔接点，他们仍然可以再接再厉，逐步成为德智体美全面发展的新一代。

3. 美的人生应该成为人生追求的最高价值目标

在古代，哲学家柏拉图就强调"美具有引人向善的作用和力量"，到了当代，联合国教科文组织编写的《学会生存——教育世界的今天和明天》中又指出"我们个性中的一个根本而必要的部分是对美的兴趣，是领悟美并把美吸收到性格中去的能力"①，从这些都可以看到人类历来十分重视按照美的规律推动社会发展和塑造自己的人生。

著名的德国诗人海涅每次去卢浮宫博物馆，都要一连好几个小时坐在美洛斯的维纳斯雕像前哭泣。他哭什么呢？他竟然是哭人的完美遭到了玷污，哭通向完美的道路是艰辛的、遥远的……

通向完美的道路虽然是这样艰辛、遥远，但是，人类对美的追求从来没有停止过，因为"美"才是人类追求的最高境界。著名的俄国作家，《罪与罚》的作者陀思妥耶夫斯基，曾经面对沙皇俄国当时的悲惨世界，仍然坚定地指出："美将拯救世界。"

然而，不仅理解美不容易，在生活中使美真正成为"人生价值的最高追求或最高境界"更不容易。我们需要进一步理解什么是美的人生？什么是人生的最高境界？怎样达到这个境界？

审美教育本质上是一种价值观教育，应该按照《关于全面加强和改进学校美育工作的意见》的要求"把培育和践行社会主义核心价值观融入学校美育全过程"，通过这种教育，学生懂得什么是美，什么是丑，培养学生趋美避丑的审美自觉，激发学生内心向往美、寻求美、实现美的良好愿望。

人生之美作为人生追求的最高价值目标，是人生价值的最高形态，它的内涵是丰富的，对于每个人来说，形式也是多样的。不论孩子的现状如何，从现在开始，引导他们了解人生之美的表现和特点，然后以此为目标，去设置、创造和实践美的人生，对于实现自己人生的最大价值有着重要意义。

美，就是创造。

人，永远不会满足现有的生活，总要创造更新的生活。苹果手机的发明人乔布斯就是一个典型的代表人物。他为什么总是能够不断地打破陈规，创造出精美、实用的产品，造福于人类？就是因为他对美的人生有着强烈的追求。乔布斯有一句名言："人活着，就是为了改变世界！"这句话表明了他对人生认识的高度，有了认识的高度，就会有精彩的、美的人生。

"人的认识能力包括人的实践能力、认知能力、价值判断能力和审美能力，审美从其他能力发挥作用的终点开始自己的创造，就使自己与其他能力处于主客

---

① 联合国教科文组织：《学会生存——教育世界的今天和明天》，教育科学出版社，2000，第96页。

体统一的不同层面上。它是包含了其他一切能力，而又超越了其他一切能力的最高层次的能力"。[1]

也可以说，人是在实践能力、认知能力和价值判断能力的基础上，开始了审美性质的创造。我们的教师应该引导学生，不仅能够制造一个机器人，还要有能力让它美起来；学生不仅可以从实用性的角度评价这个机器人，还可以从一个艺术品的角度去评价机器人。所以美——就是创造，只有在创造中才能体现人的本质力量。学生制造一个精美的机器人，不仅使世界更美好，而且证明了学生自己的创造能力；学生通过自己的设计，让机器人变得美丽、可爱，也证明了自己具有审美性质的创造能力。

创造美的人，本身就是美的。

人的自由自觉的活动，就是按照美的规律来进行的，人在变革世界的同时，也在变革自己。也就是说，每一个人不但按照美的规律塑造物体，同时按照美的规律塑造自己的人生。

我国著名的美学家朱光潜在《人生的艺术化》中指出："人生本来就是一种较广义的艺术，每个人的生命史就是他自己的作品""知道生活的人就是艺术家，他的生活就是艺术作品""严格地说，离开人生便无所谓艺术，因为艺术是情趣的表现，而情趣的根源就在于人生……""离开人生便无所谓艺术，离开艺术也便无所谓人生。"

创造美的人本身就是美的，作为表现实践美的人类，在本质和形象上也是美的。如果一个人不能以美好的理想为目标，不能超出狭隘的物质享受，不能通过实践在对象世界中肯定自己，在各个领域中确立自己的主体地位，就不能在自我创造的世界中得到精神上的满足，也就不能成为完善、自由的主体，那就没有美的人生。

"美是道德纯洁、精神丰富和体魄健全的有力源泉。美育最重要的任务是教会孩子能从周围世界（大自然、艺术、人们的关系）的美中看到精神的高尚、善良、真挚，并以此为基础确立自身的美。[2]因为"你一旦能面对美发出惊叹，你

---

[1]　索雪瑞：《美：人生价值的最高形态》，《理论与现代化》2004年第2期。

[2]　苏霍姆林斯基：《育人三部曲》，人民教育出版社，1998，第435页。

心灵里也会有美开放"。①

为什么能够从周围世界的美中看到和思考自身的美？苏霍姆林斯基做了这样深刻的分析："理解和感受美，由掌握和创造美好的东西而带来的快乐，按马克思的理解，这是使人能够在他所创造的世界中认识自己的最重要的前提之一。"②

"对周围世界的美的观察和感受，是理解和体验现实生活的快乐、生活美的最主要源泉之一，使我们产生了一种思想，即这种思想的不可逆转性和唯一性的重要源泉也在于对周围世界的美的观察和感受。世界、大自然和美的生命是永恒的，而我只能生活在大自然指定给我的一段时间内，重要的是要使每个人在少年期就考虑应该怎样度过自己的一生。我们应该教会人去珍惜生命，教会他去珍惜人，爱护人，保护生命。"③

我们作为一名教师，如果不是以被动的态度去工作，也不是照本宣科地灌输知识，而是有自己的人生理想，并且能够依据学生情况和时代的要求创造性地挖掘自己的潜能，培养德才兼备的学生，就会感到精神上的满足，同样就会拥有美的人生。

---

① 苏霍姆林斯基：《帕夫雷什中学》，教育科学出版社，2001，第436页。

② 苏霍姆林斯基：《育人三部曲》，人民教育出版社，1998，第355页。

③ 苏霍姆林斯基：《苏霍姆林斯基选集（五卷本）》，教育科学出版社，2001，第562页。

二、什么是美育？

我认为，整个教育体系的重要目的
就在于：学校要教人学会在美的世界里
生活，使没有美就不能生活，让世界之
美创造出人本身之美。

——苏霍姆林斯基

审美教育又称美感教育，简称美育。它是把美学结合于教育和应用于教育实践之中，用美好、崇高的事物来熏陶人们的灵魂，帮助人们树立远大的理想和健康的审美观念，促进个性全面发展的一个整体化和系统化的教育措施。[①]

美育是培养人在自然美、社会美、艺术美和身体美四大领域中，发现美、欣赏美、表达美、创造美的能力的教育。

美育的根本问题是培养什么人的问题。

美育与德育、智育、体育相辅相成、相互促进。

审美教育的特点：它是一种侧重于人的情感的教育，是自觉自由地进行的，不带有强制性，且审美教育也是一种形象性的教育，凭借美自身的感染力和召唤力来影响和感染人，让人在审美享受中受到教益。

（一）美的追问

我们要想知道什么是美育，就必须知道什么是美，还需要理解什么是美的本质。提出这个问题，我们已经是在哲学层面的美学范围内进行探索了。虽然会感

---

① 王培智：《软科学知识词典》，中国展望出版社，1988，第761页。

到有些艰难，但是这是必由之路。只不过，我们可以避开一些尚在进行学术争论的观点，把相对成熟、比较稳定的最基本的理论观点介绍给大家。

什么是美？对这个问题的回答，是世界上最丰富，然而至今没有统一的一种概念。不过，在这些智者多种多样的回答中，我们仍然可以受到启发，从中悟到一些真谛。

"美是生活"（车尔尼雪夫斯基）；

"有用就美，有害就丑"（苏格拉底）；

"美是难的"（苏格拉底）；

"美是一种价值"（乔治·桑塔耶那）；

"美不是历史的点缀，美是历史的概括"（余秋雨）；

"审美带有令人解放的性质"（黑格尔）；

我们还可以接着说——

"美是最自由的"

"没有美就不能走向高尚"……

1. 什么是美？

美是什么？"美"，人们在生活中常常提到，但是它实际有三层含义。

第一层，美就是直接指美的对象。把"美是什么（性质、本质）"看成"什么是美"。比如，一处风景，一张油画，一张美丽的面孔。

第二层，指审美性质。是指一个事物的美是由哪些客观具有的性质、因素、条件构成的。比如，为什么"黄金分割"让人感到美？为什么西方人认为洁白的婚纱象征着纯洁，是为美（而东方人认为白色象征着死亡，是丧礼的主要色调）；东方人认为红色象征着大吉大利，是为美（而西方人则认为红色象征着凶杀，是表示存在危险的信号）？这和东西方民族在长期的历史发展中各自的劳动实践、生活实践不同有关。

"自然形式与人的身心结构发生同构反应，便产生审美感受，但是为什么动物就不能呢？其根本原因就在于人类有悠久的生产劳动的社会实践活动作为中介。人类在漫长的几十万年的制造工具和使用工具的物质实践中，劳动生产作为运用规律的主体活动，日渐成为普遍具有合规律的性能和形式，对各种自然秩序、形式规律，人类逐渐熟悉了、掌握了、运用了，才使这些东西具有了审美性质。"①

第三层，指美的本质，即美产生的根源。美的本质是指从根本上、根源上，刨根问底，搞清楚美是怎么来的，怎么产生的。

2. 美的本质

历史上，关于美的本质问题一直存在着两种对立的观点：一种是在物质世界的自然属性中寻找"客观美论"；一种是在人们的主观意识中去探求美的"主观美论"。然而这两种观点其实都是不对的、片面的。

"客观美论"是不对的。因为人类诞生之前荒凉的物质世界，没有人类的实践参与，这个世界无所谓美还是不美。同样，"主观美论"也是不对的。人类的主观意识再强，如果从来不去和客观世界产生联系，只在那里空想，也不可能产生美感。

美的本质，根源于实践，产生于改造自然、生产实践过程之中。

所谓美，就是在实践创造的基础上，体现了人的本质力量并且有积极意义的生活形象。建筑工人欣赏自己建造的高楼大厦；农民欣赏自己辛勤培育的庄稼；艺术家欣赏自己呕心沥血孕育的作品；教师欣赏通过自己循循善诱而主动发展的学生；家长则更是欣赏自己千辛万苦拉扯大的孩子；学生欣赏自己通过艰苦奋斗得到的进步，就是对美的欣赏。

黑格尔还有过一个生动的比喻：一个小男孩把石头抛在河水里，以惊奇的神色去看水中所见的圆圈，觉得这是一个作品，在这作品中他看出他自己活动的结果。

一句话——人的本质力量的对象化，就是美的本质。

因此，如果一个人只有残酷的应试竞争，没有创造性的实践，没有和别人的和谐合作，就感受不到美，更没有美好的一生。

3. 美的来源

美学家李泽厚说："我主张用马克思'自然的人化'观点来解释美的问题，

---

① 李泽厚：《华夏美学·美学四讲》，生活·读书·新知三联书店，2015，第279页。

认为人类的实践才是美的根源，内在自然的人化是美感的根源。"①

美，必须有形式，"无论哪一种美，都必须有感性自然形式。一个没有形式（形象）的美那不是美。这种形式就正是人化的自然"。"自由的形式就是美的形式。就内容而言，美是现实以自由形式对实践的肯定；就形式而言，美是现实肯定实践的自由形式。所以美是自由的形式。"②

人类在长期改造世界的过程中，也同时改造了自己。哲学把它叫作人化的自然，所以人化的自然包括两方面：

一是客观环境被人类改变。

在没有人类之前，世界是洪荒一片。通过人类几百万年的实践，现在地球上不仅有高楼大厦、园林和良田，更有飞机、轮船和宇宙飞船。

文化，即是人化。人类在地球上创造了博大精深的文化。前面说了物质文化，还有就是精神文化。

二是人类自身，这个自然物体，也逐渐被改变了。

人类"五官感觉的形成，是以往全部世界历史的产物"。③人类的感觉器官，经过百万年的实践活动，本质上已经和动物的感觉器官不同了。

在马克思看来，美学本质上是一门"历史的"科学。从某种意义上说，了解了"美"得以展开的历史条件和历史表征本身，也就理解了"美"的本质。马克思的理由是"只是由于人的本质的客观地展开的丰富性，主体的、人的感性的丰富性，如有音乐感的耳朵，能感受到形式美的眼睛，总之，那些能成为人的享受的感觉，即确证自己是人的本质力量的感觉，才一部分发展起来，一部分产生出来……五官感觉的形成是以往全部世界历史的产物"。④

是实践改变了人类的心理结构。"艺术对象创造出懂得艺术和具有审美能力的大众。"⑤

文化对心理产生影响……人作为感性的个体，在接受围绕着他的文化的同

① 李泽厚，刘绪源：《该中国哲学登场了?》，上海译文出版社，2011，第136页。
② 李泽厚：《华夏美学·美学四讲》，生活·读书·新知三联书店，2015，第261页。
③ 马克思：《1844年经济学哲学手稿》，人民出版社，1985，第25页。
④ 马克思、恩格斯：《马克思恩格斯全集》，人民出版社，第42卷第126页。
⑤ 马克思、恩格斯：《政治经济学批判导言》，《马克思恩格斯选集（第2卷）》，人民出版社，1995，第10页。

时，具有主动性。个人是在与围绕着他的文化的互动中形成自己的心理的，其中包括非理性的成分和方面。这就是说，心理既有文化模式、社会规格的方面，又有个体独特经验和感性行动的方面，这"结构"并非稳定不变，它恰恰是在动态状况中（每个人的心理结构不同，接受的文化教育也不同，因此每个人的审美态度也各自具有特点）。①

人类通过几百万年的实践，有了丰富的文化积淀——这也是美产生的根源。

人类的这种文化积淀，在整体上，心理学家阿德勒叫作"集体无意识"；而个体心理上的文化积淀，就是李泽厚指出的：它是审美的心理基础。人类的这种文化积淀，能不能遗传呢？人的社会性心理能不能遗传呢？马斯洛认为，社会性心理的遗传表现为"似本能"，"似本能"的遗传能力比较弱，如果后天的教育、影响跟不上，这种"似本能"还会丢失。例如，一岁多的孩子，就能够掌握复杂的语言，但是，如果一个孩子虽然有语言的遗传，却失掉必要的语言环境，如狼孩，他最终还是不能掌握人类语言。

那么审美心理结构能不能遗传呢？古典文艺，为什么今天还能感染后世呢？当我们听到一曲古乐，看到一幅古画，有时候会怦然心动，那是因为我们的心理结构中隐藏着祖先的体验。"心理结构是浓缩了人类历史文明，艺术作品则是打开了时代魂灵的心理学。"②

语言能够以"似本能"形式遗传，审美心理难道不能遗传吗？当然，这些还只是猜测，还需要通过脑科学、心理科学进一步的发展来证明。

4. 美的规律

自从马克思提出"人也按照美的规律来造形"之后，人们对美的规律的探索越来越多。现在，我们有条件站在前人研究的基础上，对美的规律是什么，试着寻找一个初步答案。

美的规律，来自美的本质（即人的本质力量的对象化）。规律是必然联系。美的规律也就是人的本质力量与对象化本质，以及两者之间的稳定的联系。

因此，要想知道美的规律，就需要先来分析这两方面的本质，以及两方面本

---

① 李泽厚：《李泽厚对话集：九十年代》，中华书局，2014，第57页。

② 李泽厚：《美的历程》，天津社会科学院出版社，2001，第350页。

质之间的稳定联系。

首先，分析两方面的本质：

人的本质力量是什么？人的本质分为三个层次：一是人性（即非物性、兽性、神性）；二是劳动和社会关系的总和；三是人的本质最高层——主体性（能动性，自主性，目的性）。

对象化的本质是什么？就是指劳动的实现、劳动物化在对象之中："劳动的产品就是固定在某个对象中、物化为对象的劳动，这就是劳动的对象化。"

其次，分析两方面本质之间的稳定联系：

马克思说"人也按照美的规律来造形"。这个"也"字说明，人类改变世界，美的规律并不是唯一的规律。美的规律和其他生产劳动的规律、认识的规律有相同，但也有不同。

美的规律中，各本质因素的联系有自己的特点：

一是，讲究形象、形式。

"……'美'具有一定的客观性质和形式规律。……所谓'按照美的规律来造形'，也确乎包含有这一层含义在内。"[1]

"被人类改造了的世界客观现实存在的形式，便是美。所以，是按照美的规律来造形。"[2]"……美，都必须有感性自然形式。""一个没有形式（形象）的美那不是美"。[3]"美离不开形象。"[4]

而表达形式的方法则是自由的。"美是自由的形式。"[5]"美不是别的，就是现象中的自由。"[6]"苏格拉底曾经公开讲过，给美下定义是特别难的。不过很多美学家都赞成，美育、自由有内在联系。"[7]

二是愉悦。

人通过实践，体现了自己的本质力量、生命的力量，因此高兴、快乐、愉

---

[1] 李泽厚：《华夏美学·美学四讲》，生活·读书·新知三联书店，2015，第272页。
[2] 李泽厚：《华夏美学·美学四讲》，生活·读书·新知三联书店，2015，第278页。
[3] 李泽厚：《华夏美学·美学四讲》，生活·读书·新知三联书店，2015，第279页。
[4] 苏霍姆林斯基：《育人三部曲》，人民教育出版社，1998，第33页。
[5] 李泽厚：《华夏美学·美学四讲》，生活·读书·新知三联书店，2015，第261页。
[6] 席勒：《席勒经典美学文论》，生活·读书·新知三联书店，2015，第34页。
[7] 檀传宝：《美学是未来的教育学》，华东师范大学出版社，2015，第82页。

悦。"我的劳动是自由的生命表现，因此是生活的乐趣。"①马克思曾说过，美感就是人在创造性活动中感到各种本质力量能够发挥作用的乐趣。

通俗地说，美的规律一方面有四个本质因素组成：一是人的本质力量（人性、劳动与社会关系总和、主体性）；二是施加在对象世界上；三是通过自由、创造的形式（形象）；四是让人感到愉悦、快乐。符合这四点的才是美。

美的规律另一方面，是四个本质因素之间的稳定联系。联系表现在：你有什么样的人的本质（例如具有什么层次的主体性）？进行什么样的劳动实践？以什么样的形式？作用于什么样的对象世界？能够得到什么样的愉悦、快乐？

一个孩子进行泥塑，要在他的作品中看到自己的本质力量，他必须尊重客观事物的特点（泥的特点），又要发挥自己的主动性、创造性，采取一定的形式把自己的想法融进对象世界（泥塑作品）中，从中得到美的享受，自己感到愉悦。这就是符合了美的规律。

5. 海德格尔对美的本质的追问

审美不是认知活动，而是开启和彰显真理。

海德格尔在美学上的重要性，归根到底在于他实现了美学的"存在论转向"，从而颠覆了"美"的知识论诠释传统，揭示了"美"与人的存在本身的本然联系，从而奠定了人的审美活动同人的存在的去蔽之间联系的原初基础。

应当承认，海德格尔美学观的确立在美学史上带有某种革命性的意义。在海德格尔那里，审美并不是一种认知活动，而是人的存在本身的彰显（揭示了"美"与人的存在本身的本然联系）。这就彻底改变了从知识论角度探究美的本质的方向，把对审美的追问纳入存在论维度。

海德格尔以凡·高的油画名作《农鞋》为例，对艺术品的本质作了说明。在他看来，如果"我们只是一般地把一双农鞋设置为对象，或只是在图像中观照这双摆在那里的空空的无人使用的鞋，我们就永远不会了解真正的器具之器具因素"。

海德格尔指出："……田间的农妇穿着鞋，只有在这里，鞋才（作为鞋）存在。农妇在劳动时，对鞋想得越少，看得越少，对它们的意识越模糊，它们的存

---

① 马克思：《1844年经济学哲学手稿》，人民出版社，1985，第172页。

在也就益发真实。农妇站着和走动时都穿着这双鞋。农鞋就是这样实际地发挥其用途。我们正是在使用器具的过程中，实际地遇上了器具之器具因素。"

那么，如何去彰显鞋子的"器具之器具存在"呢？

海德格尔认为，只是通过对凡·高这幅作品的欣赏，因为这幅画道出了一切："鞋具磨损的内部那黑洞洞的敞口中，凝聚着劳动步履的艰辛。这硬邦邦、沉甸甸的破旧农鞋里，聚积着那寒风中迈动在一望无际的永远单调的田垄上的步履的坚韧和滞缓。鞋皮上粘着湿润而肥沃的泥土。暮色降临，这双鞋的主人在田野小径上踽踽而行。在这鞋具里，回响着大地无声的召唤，显示着大地对成熟的谷物的宁静的馈赠，表征着大地在冬闲的荒芜田野里朦胧的冬眠。这器具浸透着对面包的稳靠性的焦虑，以及那战胜了贫困的无言的喜悦，隐含着分娩阵痛时的哆嗦，死亡逼近时的战栗。"

在海德格尔看来，凡·高作品中的那双农鞋，简直成了它的主人的整个生命存在的"全息元"，浓缩并积淀着那个农妇一生的劳作和收获、痛苦和欢乐。

海德格尔指出："可是迄今为止，人们却一直认为艺术是与美的东西或美有关，而与真理毫不相干。"海德格尔认为"艺术就是自行设置入作品的真理"。然而，真理被置入作品，与"艺术是摹仿"无关。对于艺术作品来说，真理完全是内在的，是植根于作品的内在生命之中的。同时，作品本身也不在于它是一个物，而仅仅在于它表达着它所表达的那个物的存在之无蔽状态，也就是真理。

可见，在海德格尔看来，艺术作品归根到底不过就是让我们"诗意地栖居"，让我们作为此在使得存在者进入无蔽的状态，也就是"真理"的开启和显现。他说："艺术是在自身建立的真理固定于形态中，这种固定是在作为存在者之无蔽状态的生产的创作中发生的。"这显然是艺术哲学的存在论维度的真谛之所在。

海德格尔说："艺术的本质是诗，而诗的本质是真理的创建。"正因为如此，"艺术让真理脱颖而出"。在海德格尔看来，"美"即生成于这种开启和显现之中。所以，"美是作为无蔽的真理的一种现身方式"。既然如此，"美与真理并非比肩而立的。当真理自行设置入作品，它便显现出来。这种显现——作为在作品中的真理的这一存在并且作为作品——就是美。因此，美属于真理的自行发生"。当"此在"的"在"的方式诗意化之后，哲学与艺术也即合二而一了。①

我认为，海德格尔的追问，进一步丰富了马克思对美的本质的论断。凡·高的油画名作《农鞋》，并不是仅仅画了一双鞋，而是"浓缩并积淀着那个农妇一生的劳作和收获、痛苦和欢乐"。这时这个艺术作品就植入了真理，"作为在作品中的真理的这一存在并且作为作品——就是美"。

可以说，在作品中植入了真理，就是美，因为它是人的本质力量的对象化。

（二）审美的过程

学生们在老师的引导下，一起来到了一个景区，但是有的孩子能够发现美、欣赏美，获得很多美感体验；而有的孩子却好像是有眼不识，有耳不闻。这是为什么呢？因此，作为教师必须知道，学生的审美过程是怎么产生的。

美感的产生，可以分为三个审美阶段：准备阶段，实现阶段和成果阶段。

1. 审美的准备阶段

审美的准备阶段，主要是以审美态度表现出的审美注意。

面对一朵花，如果你是以审美态度对待它，就会注意到它的形状、颜色、气

---

① 何中华：《"美"的诠释：从知识论到存在论》，《烟台大学学报（哲学社会科学版）》，第21卷第1期。

味……；如果不是从审美态度出发，植物学家就会注意它的构造——花冠、花蕊、花萼，或者注意它属于什么门、种属、科，医生甚至会注意它的药用价值。

当我们把各种心理因素——感情、知识、愿望、欲求、期待，都调动起来，并集中注意到这朵花的线条、色彩、形状等的时候，才算是做好了审美准备。

例如春游活动，许多学校就没有引导学生做好审美的准备。一些学生在春游中主要的任务是吃光从家里带来的美食，有的学生热衷于追跑打闹，教师则紧张地注意是否有安全事故的隐患，这种活动，美育就肯定落空了。

如果到景点之前，历史老师介绍景点的历史知识；美术老师辅导学生如何欣赏这个美景；语文老师摘选一些文学家对这些美景的描述，激发学生把注意力集中到审美上，这才算是做好了审美准备。

2. 审美的实现阶段

做好了审美准备，就会有各种心理因素参与，进入了审美的实现阶段。下面我们通过一个生动的例子，理解这个复杂的过程。

爱的眼神
〔美〕马克·吐温

故事发生在很多年前的一个动物园里。那时，我和女儿站在一个老妇人和她的小孙女旁边。小姑娘脸上长满了红色的雀斑。孩子们排着队，等待本地的一位画家在他们脸上画上动物图案。

"你脸上那么多雀斑，都没有地方画画了。"一个排在后面的小男孩恶作剧地大声对女孩子说。

小女孩听到这话，窘得低下了头。

她的奶奶蹲下来，温柔地对她说："亲爱的，我爱你的雀斑。"

"可是，我不喜欢。"小女孩难过地说。

"嗯，真的，当我还是小女孩的时候，特别想要长雀斑，"奶奶一边说，一边用手指拂过女孩的脸颊，"雀斑是美丽的象征！"

听到这话，小女孩抬起头："真的吗?"

　　"当然是真的。" 奶奶说，"为什么不是呢？你能说出一个比雀斑更美丽的东西吗？"

　　小女孩仔细地打量老妇人的笑脸。"皱纹"，她轻轻地回答。

　　那个画面永远定格在了我心中。

　　当我们用爱的眼神打量别人时，我们不会看到瑕疵。我们看到的是美丽。

　　马克·吐温写的这个故事，让我们懂得了审美与人的许多心理活动有关系。同样一个审美对象，为什么有人认为丑，有人却会认为美，就因为审美超出了表面的感性认识，有更多的心理活动参与其中。不同的人，由于心理特点不同，文化底蕴不同，对于同一事物，反映不同。所以柳宗元说过一句重要的话：美不自美，因人而彰。

　　在这个例子里，小女孩满脸的雀斑，在奶奶的眼里是"美丽的象征"；奶奶脸上的皱纹，在小女孩眼里是比雀斑更美丽的东西。就因为她们有爱，是用爱的眼神去看。

　　这种情况是真的吗？我们很多人会相信是真的，因为每个人都有着类似的亲身体验。俗话说"情人眼里出西施""爱屋及乌"，说的就是这种人类普遍存在的现象。

　　儿童阶段对美的感受性、敏感性十分强，家庭、学校不要错过这个宝贵的培养时机。

　　审美的感受能力，还需要通过长期审美经验的积累。"操千曲而后晓声，观千剑而后识器"，说的就是这个道理，不能操之过急。而这个培养工作，就应该是学校和家庭认真地承担起来。

　　审美主要与五个心理因素有关系。

　　只有人类才有审美这样复杂的精神活动，它与感知、理解、情感、想象和发现自我有着紧密联系。这五种因素，实际情况可能是交错、渗透进行，没有一个固定的顺序。

审美与感知有关。

审美第一步，一般是从感知出发。人类的眼睛已经和动物不一样，经过几百万年的进化，已经可以感知到形象后面更丰富、全面的东西。

奶奶看到小女孩的雀斑，并不只是一颗颗单纯的红色斑点，因为有爱，小女孩脸上的雀斑竟成了老奶奶心中"美丽的象征"。这就是奶奶对斑点的感觉和整体知觉。

所以说，感知在审美过程中，首先不是孤立、碎片的感知，而是整体的感知。其次，不是表面现象的感知，而是融入了文化的因素。最突出的例子是中国戏曲中的布景，虽然非常简单，往往只有一张桌子，两把椅子，但是多年受到戏曲熏陶、熟悉戏曲演出的人就会看懂，因为他掌握的戏曲文化，能够帮助他深入感知。

在中国传统的美学思想中，意象是一个重要的概念。当一个人在表述自己的情感时，往往要借助于一定的外物来加以表达。这些外物由于附着有作者的主观感受，因此不再简单地称为"象"，而被称为"意象"。意象世界就是一个情境交融的世界。①

审美与情感有关。

知觉的细腻孕育了情感的细腻。

奶奶对小女孩的审美，不会仅仅停留在单纯的感知层次，紧接着必然加上奶奶的情感。奶奶把自己爱小女孩的情感移到雀斑上，就出现了"爱屋及乌"的效果。奶奶把生活中认识到各种斑点的可爱之处，都用来解释小女孩的斑点——夜空中闪烁的星星，那是多么美的发光斑点啊！蝴蝶翅膀上的斑点，花朵上的斑点，甚至斑点狗身上的斑点，不是都很美吗？

"这是你身边的一颗珍珠呀！"

李可染对齐白石有着深厚的感情。有一次李可染去看望白石老人，要走的时候，白石老人说："我有东西要送给你，你要到家后再打开"，便给了他一个小纸包。回到家，李可染打开纸包，发现是白石老人刻的一方"李"字印章。奇怪的是"李"字的右下角，多了个圆圈。李可染不解，又到白石老

---

① 叶朗：《美学原理》，北京大学出版社，2009，第79页。

人处请教。老人说："这是你身边的一颗珍珠呀！"因为李可染的妻子名叫"佩珠"。

如果没有白石老人的解释，我们在印章上只是看到一个圆圈，没有什么特殊的美。而现在，知道了圆圈的含义，心中暖暖的，看到的印章有一种异样的美。这就是情感参与了审美过程。

激动人心的"观萤会"

台湾有一所康桥学校，建在小山坡上。康桥的老师精心呵护这里的生态环境，利用特有的环境，对学生开展生态教育，从小培养他们爱护环境的意识和能力。在康桥师生一年多的精心呵护下，萤火虫不断繁衍，终于康桥学校迎来了激动人心的"观萤会"。

我校部分学生到台湾参加体验课程，和康桥师生一起参加了一次"观萤会"。下面是一名学生写的体验作文：

小雨中，树林里，大家有的戴着斗笠，有的打着雨伞或披着雨衣，小心翼翼地看着脚下的路，也不时地四下张望：萤火虫在哪里？忽然，有人小声尖叫："啊，快看那里，我看到一只萤火虫！就在那里啊，闪闪的。"很快，人群中越来越多的人惊叹："看这里！""看那里！还有那里！都是萤火虫啊！"眼前的世界忽然变得奇妙、美好起来。草丛中，树木间，数不清的萤火虫在一闪一闪地飞舞。可爱的萤火虫在小雨中欢快地飞舞，迎接着我们。偶尔还有一些飞到很靠近我们的地方。啊，竟然还有一只落到了我伸开的手掌上！这只可爱的小精灵，在我的指尖一闪一闪的，那一刻，我感觉幸福极了！小雨不知何时已经停了，大家久久地不愿离去，每个人脸上都洋溢着笑容，都沉浸在这个梦幻般的世界里。小小萤火虫，你把大家的积极性都调动起来了，大家精心呵护着这里的生态环境，精心呵护自然界的小生灵。这一切，真好！[①]

萤火虫是一种娇嫩的昆虫，它对空气的质量要求很高，现在由于大气污染，

[①]　姜荣蓉：《让美育之花处处绽放》，《河南教育》2015年第12期。

许多地方的萤火虫都大批地灭绝。因此，许多地方掀起了保护、饲养萤火虫的活动。

孩子们参加这种活动是富有情感的，他们是带着建造美丽地球的愿望来观看萤火虫的。因此，在审美过程中，这些孩子们充满了激情。

审美与理解有关。

理解为审美指明了方向。奶奶发现小女孩雀斑的美，是在理解了小女孩的全部身心特点和言谈举止之后做出的。

理解的第一层，虚实结合看雀斑。雀斑已经不是一个生理上"红色斑点"的概念，而是小女孩身上全部可爱不可分割的一小部分。

理解的第二层，雀斑有象征性。在奶奶眼里的雀斑就象征着小女孩的活泼、可爱，而不再是别的。人类几千年的文化积淀，使很多形象都具有象征性。例如国旗，就不是一般的一块有颜色的布，而是象征着祖国，对于文化底蕴比较深厚的人来说，就会感到它象征着历史上千千万万人民前赴后继、英勇奋斗的结果，这时候就感到国旗有一种崇高美。

理解的第三层，像盐溶于水。小女孩的可爱的特点已经在雀斑上熠熠生辉了，好像这时候没有雀斑的脸，反而不那么可爱了。这一点奶奶和有些人会深有体会，只不过是"可以意会，不可言传"。

曾经有一位妈妈经过整容，从容貌看，虽然的确比以前漂亮，但是孩子很不喜欢，哭着喊着非要妈妈整回去。原因就是，在孩子心里，妈妈的容貌和妈妈的言谈举止，长期以来，已经融为一体。容貌改变了，就不是自己深爱的原来的妈妈，这对孩子当然是很可怕的。

有的人，忽略了审美有方向性，孤立地说"纳粹的军服很漂亮"。但是，一个从集中营生还的犹太人，绝对不会认为纳粹的军服美丽，而是痛恨丑陋的穿军服的纳粹。这就是理解决定了审美的方向性。不同的理解，会出现不同的审美判断。

审美与想象有关。

审美中，想象可以放大感知、理解和情感。小女孩受到奶奶情感的感染，也从奶奶笑脸上的皱纹，看出它的美丽，而且是想象着比雀斑更加美丽。一位慈祥的老奶奶，充满爱意的眼角放射出的皱纹，难道不美吗？充满智慧的额头上，刻进了人生经历的皱纹，难道不美吗？喋喋不休吐出甜言蜜语的嘴边纹，难道不美吗？所以小女孩会毫不迟疑地说出：比雀斑更美丽的东西，就是奶奶的皱纹。

审美是自由的，意味着思想的解放，想象在这里发挥了重要的作用。例如音乐欣赏，如果没有想象力参与，听到的只是一些高低、长短、强弱不同的声音。可以想见，如果没有想象力，绝听不出丰富的内容；相反，如果想象力丰富、文化积淀比较深的人，甚至从乐曲中能够听到超出作者认识范畴的东西，因为审美过程实际是一次再创造。

想象可以放大感知、理解和情感。但是，每个人放大的程度是不同的，这可能来源于每个人的文化积淀，来源于思维活跃程度、好奇心、创造力等。

老师带领孩子们观察云彩："孩子们，看看这块云像什么？"孩子们会兴高采烈地给出多种多样的回答，教师这时候的任务应该是肯定、鼓励、进一步激发、引导……

审美与发现自我有关。

每一个人都是在实践中慢慢发现自我。审美过程，也是发现自我的过程。由于它具有令人解放的性质，更是有助于解除对自我的束缚、激发想象力、产生情感共鸣，通过展示自我而进一步发现自我。

"美国发展心理学家鲍德温和苏联心理学家维果斯基都看到了审美具有的自我超越功能。如果以审美态度对待自己和他人，更可能产生自我提升的行为。"[1]

一个孩子在涂鸦的时候，他摆脱了对物的依赖，也摆脱了对人的依赖。他不需要在意妈妈的旨意，可以自由地表达自己的情感、愿望和想象。这时候他更容易产生自豪感，因为他在自己的作品中发现自我的力量，从而更加自信。

审美过程中的交互影响、情感的共鸣，会使一个孩子能够从自我角度，又从他人角度去交互理解，会使审美的丰富性、深刻性成倍增加。

> 小时候，由于爱好美术，我经常在院子里的地砖上画来画去。有一天，母亲发现我画的一只跳跃的兔子十分传神，就主动把家里人和其他街坊都请出来观看，大家都连连称赞。这件事对我内心震动很大。从此，我不但喜欢画画，而且有了自信，不断对自己提出新要求，并努力践行。后来，我在师

---

① 李晓文：《青少年发展研究与学校文化生态建设》，教育科学出版社，2010，第288页。

大附中读初中一年级时，曾经代表全国少年儿童美术爱好者拜见过齐白石大师。在抗美援朝时期，我发挥我的特长，为学校的街头宣传队画了许多大幅漫画。只可惜，我后来没有从事美术工作。不过，母亲对我这个潜能的激发，对我一生影响仍然很大，现在除了为自己发表的文章、专著画插图外，善于从一种审美的角度看问题，常常使我的认识能够向深度、广度延伸。

研究表明，儿童对于音乐旋律、语言中的情感和大自然的美，敏感程度是相同的，而且会影响对自我的感受。对音乐旋律美的感受，会向孩子揭示他自身的美——小小的人会意识到自己的长处。"孩子在欣赏音乐的时刻感到他是一个真正的人。"①

也就是说，儿童的敏感性，有助于他在审美过程中发现自身的美。

每个人都在人们所创造的世界中看到和感觉到自身美的时候，就进入了自我教育。所以苏霍姆林斯基强调："美是进行自我教育最重要的手段。"②

3. 审美的成果阶段

通过多次反复的审美活动，积累了审美经验，慢慢产生了审美观念，形成了审美趣味（趣味比兴趣更深刻地体现着人的客观需要、能力和条件。趣味标志和反映了一个人兴趣的内容、兴趣活动的能力③），孕育了更为重要的审美理想。

除了每个人经历的审美活动不同，得到的审美经验不同，实际上整个生活环境、人生阅历的不同，也会影响一个人的审美趣味、审美理想。

"人心不同，各如其面"，各人的脑结构也不一样，这是生物基础，加上文化积淀，个体之间的差异非常之大，所以才各有所爱，追求各自的美。发挥各人的潜在能力、展示各种不同的爱和美，这是最使人快乐的事，这才是真正的幸福。④

① 苏霍姆林斯基：《育人三部曲》，人民教育出版社，1998，第76页。
② 苏霍姆林斯基：《育人三部曲》，人民教育出版社，1998，第687页。
③ 李德顺：《价值论》，中国人民大学出版社，2007，第193页。
④ 李泽厚，刘绪源：《该中国哲学登场了？》，上海译文出版社，2011，第122页。

（三）德智体美四育的关系

从我国现实情况看，学校、教师对美育认识不够，其中还有一个原因，就是对德智体美四育的关系搞不清楚。尤其是对四育的融合不理解、不重视。有一些教师甚至误认为："我就上好我的学科课，美育那是音乐、美术老师的事情……"

应该说，"美育在教育教学工作系统中占有特殊的地位，它与个人和集体的精神生活的各个领域有着多方面的联系。在人的全面发展教育的总过程中，美育起着很大的决定作用，而美育本身又依赖于多种因素、条件和前提。美育的方法、方式和手段的有效性，首先取决于教养和教育的和谐，取决于正在成长的人的各种需要的和谐，取决于愿望的修养，取决于智力发展的积极活动的相互配合，取决于个人在集体中的道德关系的丰富性。[1]"

《关于全面加强和改进学校美育工作的意见》强调了四育融合，并具体指出："……加强美育与德育、智育、体育相融合，与各学科教学和社会实践活动相结合。挖掘不同学科所蕴含的丰富美育资源，充分发挥语文、历史等人文学科的美育功能，深入挖掘数学、物理等自然学科中的美育价值。大力开展以美育为主题的跨学科教育教学和课外校外实践活动，将相关学科的美育内容有机整合，发挥各个学科教师的优势，围绕美育目标，形成课堂教学、课外活动、校园文化的育人合力。"

教育工作中，不是一个因素单独在起作用。四育必须和谐地融合在一起，才能出现最佳效果。要想做到这一点，就需要了解各育的特点与它们之间的关系，避免"胡子眉毛一把抓"。

1. 美育与德育的关系

一方面，美和道德关系十分密切。中国传统中，美与好常常是不可分离的。例如中国古代四大美女中唯独西施称"子"，是因为这位浣纱女不仅美，更重要的是能够忍辱负重，报效家国，刚烈侠义，贤惠双全。

俄国文学评论家别林斯基认为"美和道德是亲姐妹"；康德认为"美是道德上善的象征"；苏霍姆林斯基认为"美是道德纯洁、精神丰富和体魄健全的强大源泉"；音乐家王健认为"所有艺术，讲述的都是人性"。

---

[1] 苏霍姆林斯基：《育人三部曲》，人民教育出版社，1998，第241页。

　　另一方面，美育与德育也有不同。德育包括政治教育、思想教育、道德教育和法制教育，其中道德教育是核心。德育具体的内容：一是从增强爱国情感做起，弘扬和培育以爱国主义为核心的伟大民族精神。二是从确立远大志向做起，树立和培育正确的理想信念。三是从规范行为习惯做起，培养良好道德品质和文明行为，打好荣辱观的基础。四是从提高基本素质做起，促进全面发展。

　　而美育在方法上，也与德育不同。一是通过艺术形象感染人、激发人；二是美育讲究自由、自主，这有助于思想解放；三是美育更体现个性，红花绿草，萝卜白菜，各有所爱。

　　因此，如果采取寓美育于德育之中的方法，就有助于德育潜移默化进入心灵。

　　具体的做法：

　　一是创造优美的教育环境。

　　无声的教育常常会取得意想不到的效果——此时无声胜有声，这就是美的力量。人们踏进一个庄严、雄伟的大厅，会自动把声音降低；人们走入窗明几净、一尘不染的房间，就不敢乱扔垃圾。优美的环境，会使人浮想联翩。岳麓山上的爱晚亭；未名湖前的博雅塔，多少年来，引发了无数人对人类、对世界产生美好的畅想和深刻的思考。

　　近些年，更有学校独具匠心，把办学理念渗透在环境中，形成了内涵丰富的多种景点的布局。北京大兴区一个中学，把东西方两位伟大的思想家——孔子和苏格拉底的雕像矗立在校园，意在让学生在全球一体化的今天，在思想深处懂得东西方优秀文化融合的重要性。

　　学校和家庭是人们长期学习和生活的场所，特别需要营造一个温馨宜人的氛围。颜色也会影响人的心情，学校的教室、走廊、图书馆、宿舍；家庭的居室、书房、阳台……应该是什么色调，这里面大有学问。声音，能够起到陶冶人的作用，在校园和家中，在什么时间，在什么范围，放什么样的音乐，也需要精心设计。

　　二是通过艺术活动。

　　艺术教育是美育中最主要的内容和手段。音乐、美术、舞蹈、戏剧、小说，都是德育和智育的重要手段，是心灵高尚和精神纯洁的源泉。例如，音乐能够使人感受到自然的美、人的心灵的美。一个高质量的影片对人的影响，往往胜过一个枯燥无味的报告。

三是举行庄严的仪式。

人生中，许多难忘的事情是和隆重的仪式相联系的。小学生入学时，身着新衣，把一捧鲜花送给老师；在国旗下的演讲，让人感到格外庄重；少先队的集会，总是伴随着清脆的号角；十四岁集体生日，两代人拆开对方饱含深情的来信；成人礼、毕业礼，引发学生们认真地思考人生……

为什么仪式给人深刻的印象，重要的原因是有美育的参与，通过美的形式，渗透德育。有教育家曾经深刻地指出："宗教在这方面有成功的经验值得我们学习。修建得庄严肃穆的教堂里，不时飘来悠扬动人的乐曲，成功地营造了一种神圣感。"

仪式的场景，需要精心设计。因为它不同于日常生活，要有超越性和象征性。北京八中的学生毕业仪式上，由校长亲自敲响的钟声，象征着母校的老师要欢送学生走上新的人生旅程。这带有教师美好期望、谆谆嘱托的声音，会长久地回荡在每一个学生耳边……

仪式的程序，也需要精心安排。巧妙地把教育目的融进每个环节。例如，十四岁集体生日，关键是让两代人都全身心投入。由于是"青春期遭遇更年期"，表面上，两代人平时常常矛盾不断，其实，双方都有很深的感情想表达。提前写一封保密的信，在生日那天打开，这时候双方都被真心打动——甚至会激动地拥抱在一起。

2. 美育与智育的关系

美育与智育的不同。智育是指发展智力、学习文化科学知识的教育。智力是人理解客观事物和运用知识解决问题的能力，包括记忆、观察、想象、思考和判断等能力。学校要培养孩子的科学和人文素养，使之具有适应终身学习的基础知识、基本技能和方法。还要注重培养他们的独立思考能力、创新能力和实践能力，促进他们全面发展。而美育是以培养审美能力、美的情操、对艺术的兴趣和创造美的能力为主要任务的教育。

当前智育存在的误区是：把智育狭义地理解为单纯学习知识，又把学习知识狭义地理解为获取考试分数，获取分数的方法是死记硬背；为了分数可以牺牲品德和身体。这种所谓的"智育"不仅容不下美育，也排斥德育和体育，实际是一种反教育。

智育和美育的融合，可以从两方面进行：

一是寻找各科教材上的智育和美育的融合。

美育对各种学科都有促进作用。因为审美活动的根本价值，就是它对创造力、想象力的一种唤起。有许多伟大的科学家，对艺术感知力、感受力所能带来的一种对未知世界的探索，他们是很有感悟的，对这个价值是特别肯定的。比如说获得诺贝尔奖的杨振宁先生、李政道先生，他们都特别重视艺术与科学的结合，都特别注重通过培养审美感受力，来增加科学发明和发现的能力。

500多年前的达·芬奇，他既是一个大画家，也是一个发明家。他的许多奇思妙想，似乎印证了艺术的唤起作用。如果我们要做一个飞行器，做一个探测仪，做一个能动车，最初的想象力非常重要。

各种学科都蕴藏着美的因素。文学、历史自不待说，就是看起来很抽象的数学，美也处处存在。数学的美有别于其他的美，它没有鲜艳的色彩，没有美妙的声音，没有动感的画面，它却是一种独特的美。我国著名数学家华罗庚说过："就数学本身而言，是壮丽多彩、千姿百态、引人入胜的……认为数学枯燥乏味的人，只是看到了数学的严谨性，而没有体会出数学的内在美。"数学家徐利治说："作为科学语言的数学，具有一般语言文字与艺术所共有的美的特点，即数学在其内容结构上和方法上也都具有自身的某种美，即所谓数学美。数学美的含义是丰富的，如数学概念的简单性、统一性，结构关系的协调性、对称性，数学命题与数学模型的概括性、典型性和普遍性，还有数学中的奇异性等，都是数学美的具体内容。"

对后进生的教育，更需要注意把智育与美育融合。"把形象和词融为一体的美，就是一种极其重要的心理学手段。我们对能力较差的儿童——在美的世界里，在自然界里进行一些专门的活动。孩子们一面观察自然界的美，一面领悟词的美。多年的经验证实，富有诗意的词（关于儿童所见到的事物的词、诗歌和童话的词）饱含着一种刺激思维和记忆的巨大力量。"[1]

二是发现教学过程中的美。

_____

[1]　苏霍姆林斯基：《育人三部曲》，人民教育出版社，1998，第248页。

在师生互动的课堂上，在生动活泼的教学过程中，往往是充满了美，但是由于我们不善于发现，就失去了德智体美四育融合的"天赐良机"。

教学过程中有丰富的美的因素，需要我们去发现，下面着重介绍开头、中间和结尾三个阶段中如何发现美，以期引起老师们的思考。

俗话说，一篇好的文章应该是：凤头、豹尾、猪肚子。我觉得教学过程也有类似的特点，即一个美丽的开始，一个有力度、让人充满憧憬的结尾，中间是丰富多彩的探索过程。

课堂，有一个美丽的开始，是许多优秀教师的共同追求。一位教师带着热情洋溢、充满期待的表情来到学生面前，动情地说："你们让我越看越美丽……"学生微笑着尽力把最好的表现回馈老师。黑板上，一张张体现新旧知识衔接的图片；教室里，一个个拨动心弦的提问，把学生引入思考的殿堂，这就是一个美好的开始。

有一位语文教师，一开始就声情并茂地一口气把《海燕》背诵了一遍，一下子就把学生们带到了充满诗意的境界。

课堂教学的过程中，最重要的，也是最美的，应该是师生思维、情感的碰撞。

在一堂语文识字课上，当学生发现"蚂蚁""蝴蝶""蜻蜓""蚯蚓"所有的字都有虫字旁时，个个流露出惊喜的表情，这时老师同样表现出和学生一样的惊喜；当学生评价别人"她朗读'蝌蚪水里游得欢'这句最好"时，老师也立刻亲切地表示"我和你的感受一样"；当学生在黑板上画出蜘蛛网的时候，老师马上发出由衷的赞叹"她画得多好啊"；当学生当场编出"蟒蛇地上找吃的，白兔地上蹦蹦跳，母鸡窝里在下蛋，蜗牛树上睡大觉"的儿歌，虽然十分稚嫩，但是老师却坦率而又热情地表示："这么好的儿歌，我都写不出来！"

老师首先要善于发现学生的美。对学生的教育与引导，不仅在语言中，更主要的是表现在真情实感上，尤其是在师生情感交流的具体环节上。这位老师对学生的爱，对学生的尊重和理解，都十分充分地表现在和学生这些情感交流的细微处。这些情感交流表现得如此自然，如此得当，绝不是仅仅通过字面"备课"能达到的。

一节课的结尾，要体现分量，可以从知识、情感、态度多方面去做到。但是最重要的是发现自己最美的"本质力量"，即自己的收获，自己的成长。

不少优秀教师都善于在这个时候请学生们谈谈这节课的收获。当学生们用自己的语言描述着自己的亲身体会时，他不仅会发现知识之美、教师和同学的美，也会发现自身的美。即使是一年级的孩子，教师也可以教他们用手势语表达自己的思想（比如，大拇指向上，表示自己做得好；向下，则是不足；平伸，则是一般）。试想，当孩子们都竖起大拇指的时候，一种懂得反思的自豪感油然而生，不是很美吗？

3. 美育与体育的关系

美育与体育的不同。体育是指以增强体质、促进身体健康为主要任务的教育。它包括卫生习惯、饮食营养和体育锻炼三方面的教育。目前体育的误区表现在为了获取考试高分牺牲健康，不仅忽视体育锻炼，而且忽视保护眼睛和科学的作息制度等习惯的培养。虽然重视饮食，但营养并不均衡。

体育和人的身体美关系极大，也和人的精神美关系密切。因此，美育与体育的融合应该积极地自觉进行。

自然美、社会美、艺术美和身体美，已经成为人类审美对象的四大领域。

而身体的形象美，首先表现在健康。身体是生命的根基，身体是人类生命的载体，健康的身体标志着旺盛的生命力，它是身体美的基础。诗人马雅可夫斯基曾经赞美道："世界上没有比结实的肌肉和新鲜的皮肤更加美丽的衣裳。"

对身体美的观念，直接影响对体育的态度。有些人过分重视"颜值"，把全部精力放在修饰打扮上；有些人错误理解"苗条"，疯狂减肥，竟然以骨瘦如柴为美。持这些观念的人，不可能重视体育，更谈不到美育与体育的融合了。

身体美包括仪态美。仪态包括面部表情、站立姿态、行走姿态、手势等等。达·芬奇曾说："从仪态来了解人的内心世界、把握人的本来面目，往往具有相当的准确性与可靠性。"

如果体育和美育融合得好，体育活动，就不仅可以使学生身体健康，同时可以使学生具有优美的体型，掌握合乎韵律美的动作。

珠海市金海岸海华小学是一个"以美育人"的特色学校。它的构建阳光体育体系就很好地体现了体育与美育的融合。

大课间活动是学校积极推行《关于加强青少年体育增强青少年体质的意见》和"阳光活动1小时"的重要组成部分，整套大课间活动的内容分为六个部分。

第一部分，进场。进场音乐选用的是《争当四好少年》，音乐节奏感强，同学们伴随音乐，以饱满的精神、整齐的队伍、有力的步伐进场。

第二部分，慢跑。学校根据实际情况，设计了一条以年级为单位的S形迂回线路，学生们伴着强劲的音乐，迈着整齐的步伐，齐声高喊1234的口号，气势雄伟，既增强了体能，又培养了自信，更培养了团队精神。

第三部分，游泳操。海华小学是珠海市游泳传统项目学校，为了普及游泳运动，体现特色，学校自编了一套游泳操……

第四部分，身体素质练习。根据学生身体发育的年龄特点和场地条件，学校将学生的身体素质练习分成两个部分，一至三年级练习跳绳，四至六年级练习俯卧撑和仰卧起坐。

第五部分，放松操。放松操是大课间操活动的最后环节，同学们在完成前面的活动后，运动量也达到了锻炼的需求，所以利用两分钟时间做放松操，既符合体育运动的规律，也可以让学生身心得以放松。

第六部分，退场。每个班伴随着欢快的校歌，按指定的路线退场。整套大课间操活动安排科学、合理，是对学生从德育、体育、艺术各方面的综合培养。[1]

---

① 彭珊梅等：《立德扬善　以美育人》，《中国教育报》2015年11月23日。

三、美育的任务与内容

我认为，整个教育体系的重要目的
就在于：学校要教人学会在美的世界里
生活，使人没有美就不能生活，让世界
之美创造出人本身之美。

——苏霍姆林斯基

（一）美育的任务

美育的基本任务是帮助孩子们树立正确的审美、立美观点，提高审美、立美能力，培养审美、立美情趣，在掌握有关美的知识的基础上，发展发现美、欣赏美、表现美和创造美的能力。《关于全面加强和改进学校美育工作的意见》指出：近几年"要重点解决基础教育阶段美育存在的突出问题"。

1. 树立正确的审美、立美观点

美育观是世界观的一个组成部分，是从审美、立美角度来理解世界和自己，从审美、立美角度来对待世界和自己。

美育的中心环节，就是树立正确的审美、立美观点。如果没有正确的美育观念，不可能培养出发现美、欣赏美的审美能力和表达美、创造美的立美能力。

（1）从发现世界的美走向创造世界的美和自身的美。

人类虽然都有好美的天性，但是审美观点和审美能力并不是天生的，它需要后天的实践和学习。美育的首要任务是帮助人们树立正确的审美观点。

不同的审美观点，会对同一现象作出不同的审美评价。例如，鲁迅在谈到

《红楼梦》时说:"单是命意,就因读者的眼光而有种种:经学家看见《易》,道学家看见淫,才子看见缠绵,革命家看见排满,流言家看见宫闱秘事。"[1]

在当代的社会环境下,不同的审美观点,也会产生不同的态度。一方面是改革开放使文化生活丰富多彩,孩子们从小就能够接触许多国内外的信息,视野开阔了;而另一方面是不良的社会文化也会对他们产生坏的影响。例如,由于缺乏文化自信,在盲目崇洋媚外的社会思潮影响下,以为西方文化一概都是最好的,中国文化所有的都是落后的。于是不加鉴别地盲目追逐西方的潮流。

在这种审美观点影响下,片面地追求颜值美、骨感美、"小鲜肉"。由于美能够强烈地感染每一个人,我们绝不能忽视这种现象。因为,审美观最终会潜移默化地影响着青少年人生的追求。

　　例如:少年儿童的追星热,虽然是一种年龄特点引起的现象,但是不良的社会思潮会把它推向错误的方向。有的孩子竟然由于身上沾上了明星驱车而过溅起的泥点,如醉如痴。明星动辄千万的豪华婚宴,成了孩子们追求的梦想。在理想调查中,孩子选择当大明星的为数不少……

(2)美是在实践、劳动中产生的。

如果是肤浅地看待美,只是看到它表面的悦目形式,就会把追求美变成对浓妆艳抹、珠光宝气的追求。而美的本质在于表现出人的本质力量——即人改变世界、自身的作为。因此,需要强调,美是劳动实践的产物。

教育家苏霍姆林斯基指出:"一个正在思考如何去进行创造的少女的美,比起一个游惰度日的少女来,要瑰丽得多,深刻得多。游手好闲是美的大敌。……如果你希望美——你就得忘我地劳动,直至你感觉到自己已经成为一名劳动者、一名能手,成为自己理想事业的主人……"[2]

而要想让学生达到苏霍姆林斯基所提倡的境界,绝不是靠说教,而是引导学生从小参加各式各样的劳动,在劳动中得到体验,才能成为真正理解美、拥有美的人。

---

① 鲁迅:《〈绛洞花主〉小引》,《鲁迅全集》,第8卷第145页。
② 苏霍姆林斯基:《给儿子的信》,教育科学出版社,1981,第66页。

（3）正确的思想信念是美育观的核心。

美育观是世界观的一个组成部分，是从审美、立美角度来理解世界和自己，从审美、立美角度来对待世界和自己。但是，一个人仅仅有审美、立美方面的认识和情感是远远不够的，它的主线和核心是正确的信念。

有些人看到许多现象十分不解：一个从小就接受美育，在艺术环境中泡大的少年，结果成了罪犯；一个艺术院校的钢琴手，却向弱女子连续砍八刀，成了杀人犯；纳粹在焚烧犹太人的炉火前，竟然能够悠闲地弹奏莫扎特的乐曲……

其实，这恰恰说明，一个人不可能仅仅有孤立的审美感情，审美感情一定要依附、融入正确的信念，最终决定他的思想和行为。当审美感情和思想信念结合起来，并且付诸行动，所形成的比较稳定的精神状态，叫情操。情操是一种高级情感，这应该是美育要培养的重要内容。

因此，仅仅满足于学会一些艺术技巧，那还不是美育。正确的世界观，正确的思想信念是美育的核心，这一点在出现"美育热"的时候，尤其要强调。

2. 培养发现美的能力

罗丹说过："美是到处都有的。对于我们的眼睛，不是缺少美，而是缺少发现。"审美能力就是从发展感觉和知觉能力开始的。

儿童阶段对美的感受性、敏感性十分强，家庭和学校千万不要错过这个宝贵的培养时机。

（1）发现大自然的美。

我们虽然身处大自然环境中，天天头顶苍穹，时时脚踏大地，但是如果缺少发现自然美的意识，仍然会听而不闻，视而不见，更谈不上发现美了。

蓝天白云，只要抬头就能够看见。但是，我们有意识地引导孩子们去发现了吗？看看教育家苏霍姆林斯基是怎样做的。

　　　我们又有几次来到自己的山冈上，在白云间"游览"。这些时刻给孩子们留下了无法忘怀的印象。朵朵蓬松的白云成为他们作出种种奇妙发现的一片新天地。孩子们从那些变幻无穷的云朵中看出各种走兽、童话里的各类庞然大物。孩子们的幻想犹如小鸟飞向九霄云外，飞向碧蓝的大海，飞向遥远的无名国度。正是在这种翱翔中鲜明地显露出孩子个人的意识境界。看，一朵奇异的云块在天空漂浮而过。

"孩子们，看这块云像什么？"

"这是戴草帽的牧羊老爷爷，还拄着一根棍子，"瓦利娅说，"你们看，他旁边还有羊群。前头是一只卷犄角的老羊，后面跟着一些小羊羔……老爷爷挎着一个布袋，有什么东西还露在口袋外面。"

"这不是老爷爷，"帕夫洛不同意，"是大雪人，就像我们冬天堆的那个雪人一样。看，手里还拿着扫帚。头上根本不是草帽，而是水桶。"

"不是，这不是雪人，是干草垛，"尤拉说，"草垛上是两个牧人拿着大叉。你们看，他们在往下扔草，下面停着一辆大车。这哪儿是老绵羊，不是羊，是车。那是车弓，不是犄角……"

"这是只很大的兔子。我梦见过这样的兔子。下面也根本不是车，而是兔子尾巴。"……①

我认为一项重要的教育任务，就是要使年轻的心灵能够接受情感的语言，把它作为自我表现的手段，去听和使用这种语言。如果说，音乐是用情感的语言去阅读的课本，那么这门学科的初级课本是从倾听大自然的音乐开始的，从认识我们周围产生各种声音的美开始的。②

（2）还要与自然美单独相处。

只有当学生自己善于与自然的美单独相处时，与大自然的交往才能展开其全部的审美教育的可能性。

"我尽量使每个男孩、每个女孩在大自然中，都有自己个人的精神生活的领域。为了使少年热爱与大自然的交往，必须付出巨大的努力。每个少年都在家里布置了一个自己的'美丽角'。我教男孩和女孩们在这个角落里读书、思考。逐渐地，我成功地使每个少年在大自然找到了自己喜爱的某种东西：加利亚喜欢水井旁的枝叶茂密的柳树，萨什科喜欢攀缘野葡萄的亭子，济娜爱上了樱桃树环抱中的一块绿色的空地，柳达喜欢梨树下的有两箱蜜蜂的养蜂场，柳芭和莉达喜欢

---

① 苏霍姆林斯基：《育人三部曲》，人民教育出版社，1998，第41页。

② 苏霍姆林斯基：《育人三部曲》，人民教育出版社，1998，第619页。

葡萄园。"①

请大家注意：在美丽角，孩子们是在"读书、思考"，也就是说，在一个独特的与孩子发生亲密关系的美丽环境中，孩子们的心灵在成长。

（3）发现日常生活中的美。

教师还要善于引导孩子们，在看似平常的生活环境中发现美。

校园中，一株刚刚探头的嫩草，一朵绽放的玉兰花；教室里，一缕从窗户射进的阳光，一面金光闪闪的锦旗，教师要具体引导孩子们，认识它们美在何处。一开始，要指给他们看，讲给他们听，不然他们自己是不会注意到的。

接着，还要鼓励孩子自己去发现美。一句好听的歌，一首优美的诗，甚至一位同学讲了一个自己遇到的感人事情，只要是孩子对美有所发现，都要给予鼓励。

最美的地方

桂林、杭州、西安……我去过很多地方，但如果问我哪个地方最美，最美的还是姥姥家的小村庄。小村庄的景色很美。每天早上，太阳是从田野的地平线上升起的，一点点慢慢升高。

在城市，太阳却总像是不知道从哪些楼的夹缝中挤出来的，等到看见时，已经悬在高楼之上。即使是夏天的中午，村庄的气温也没有城市那么高，风可以自由地来、自由地去，田野中的玉米叶随风飘荡，发出沙沙的声响。在城市，高楼环绕，将自然的风拒之门外，而街上汽车排放的尾气、写字楼里的空调排到城市的热风，让城市热得喘不过气来。晚上，城市依旧车水马龙，路灯、广告牌、车灯、晚归的人，让夜晚和白天变得很相似。

而在村庄，夜晚只有几盏路灯，过了十点，村庄就是安静的黑夜，抬头是美丽的漫天星空。

虽然我生在北京，长在北京，只有假期才能去姥姥家，可是村子里的人却好像一直都认识我。常常有不认识的爷爷、奶奶跟我打招呼，"你又来你姥姥家了？你妈回来没？"小村庄里还有我的好朋友，每次放假回去，我都会给他带上一支笔、一个记事本，朋友每次都高兴得如获至宝。他也会早早

---

① 苏霍姆林斯基：《育人三部曲》，人民教育出版社，1998，第606页。

准备了好玩的、好吃的等我一起分享。

有最美的景色，有最美的人，当然要做美美的事。在小村庄，大自然就是最好的天然游乐场。我和小伙伴可以挖沙子挖上一整天，有时候也会顺着梯子爬到房顶上，我们还会到集市上赶集，买一小堆小玩意儿……这些都是城市里没有的。

十一假期就要来了，我充满期待，又可以回到最美的村庄了！

审美的感受能力，还需要通过长期审美经验的积累。"操千曲而后晓声，观千剑而后识器"，说的就是这个道理，教师不能操之过急。

（4）最终要感觉到人的美。

大自然的美能培养细腻的情感，帮助感觉到人的美。

一个人知觉的细腻，孕育了情感的细腻，进一步发展了人的了解世界、了解他人的需求，这种需求能够帮助他感觉到人的美。

正如苏霍姆林斯基强调的："学校应该教育儿童认识世界的本来面目，但同时也不应忽略教育孩子首先去发现世界上美好的东西。而在诸多的美好事物中，又着重让他们能够发现心灵之美、品德之美。从儿童来到学校的第一天起，我们就要启发他们敬仰高尚的品德，敬仰优秀人物的美德。"[1]

下面这个故事，生动地表现了一个小女孩是怎样发现了人的美。

最温柔、最亲切的手

一个娇小的女孩，跟着母亲来到一个大城市，她们去了市场。母亲牵着女孩的手，女孩看到了许多有趣的事情，就快乐地拍起手来。一转眼，女孩就迷失在人群中。当她发现自己走丢了，就哭了起来。

"妈妈！我的妈妈在哪儿？"

人们围着女孩问道："小姑娘，你叫什么名字？"

"奥尔加。"

"你妈妈叫什么？我们好告诉她：我们找到了你。"

"妈妈，叫……妈妈……"再也说不出什么了。

---

[1]　苏霍姆林斯基：《关心孩子的成长》，北京师范大学出版社，1982，第78页。

人们笑了起来，又问道："喏，告诉我们，你妈妈的眼睛是棕色的，蓝色的，还是蓝灰色的？"

"她的眼睛……是最善良的……"

"辫子呢？你妈妈的辫子——黑色，淡褐色的？"

"辫子……是最美丽的……"

人们又笑了，问道："那，她的手，有没有什么记号？"

"她的手……是最温柔、最亲切的。"

人们在广播里宣布："有一个丢失的女孩子，她的母亲有最善良的眼睛，有最美的辫子，有全世界最温柔、最亲切的手。"

后来，妈妈出现了。

3. 培养欣赏美的能力

（1）首先鉴别美丑。

培养孩子欣赏美的能力，首先需要引导孩子鉴别美丑。"一个人在青少年时期就能对周围世界的各种现象作出个人的审美评价，是极其重要的。如果一个人的思想和情绪只是随波逐流，跟着别人转，那么这种教育可以说是不成功的。"[1]

在当下文化多元的环境下，泥沙俱下，鱼龙混杂，更是需要培养学生的鉴别能力。

当前最需要鉴别的是关于社会上"流行"的看法。不能认为流行的就一定是美的，更不是西方传播过来的就一概成为美的标准。个别学生不仅把头发染成黄色，还恨不得把眼球染成蓝色，造成这种心态的原因固然比较复杂，但是我们的教育在文化自信、民族自信方面作出的努力不够，肯定是一个原因。

更为深层、更为重要的是关于人生价值的看法。一个典型的事件——《非诚勿扰》节目中一位女嘉宾说"宁肯在'宝马'中哭，也不在自行车上笑"，引起了全社会的热议。应该引导学生关心这些讨论，相信通过对这个典型事件的剖析，有助于学生树立正确的价值观，进一步理解什么是心灵美。

培养学生鉴别美丑的能力，可以结合日常活动进行。比如早自习、放学前的两三分钟的时间，联系校内外发生的事情，即时交流，教师和学生都可以各抒己

---

[1] 苏霍姆林斯基：《爱情的教育》，教育科学出版社，2001，第112页。

见，这就是一个很好的培养鉴别能力的契机。

当然，做好这一点，关键是教师自身要不断提高审美的水平。

（2）逐步增加欣赏的深度、广度。

孩子欣赏美的能力，往往是从简单、表面的审美对象开始，然后在教师的引导下，逐步增加深度、广度。

一是积累欣赏的感性经验。如学生面对诗句"大漠孤烟直，长河落日圆"，如果没有感性经验就不知道它写的是什么，美在何处？即使学生没有在沙漠中长途跋涉过，没有在江中乘风破浪的体验，但是他去过海滩，去过草原，见过落日，见过湖面，这时候也可以借助联想，在一定程度上提高欣赏水平。

二是积累欣赏的理性经验。这里包括的内容有：一是理解，指向过去的积淀（即上面提到的对"大漠""长河"的理解，还可以加上对"孤烟直"的理解）；二是判断，是指向未来（即学生可以超出过去所见，发挥自己的想象力，例如可以想象太空的景色⋯⋯）。

三是适度的心理距离，表现为空间距离、人际距离。例如，有时候照片比实景更美；有时候买了一个艺术品，买之前比买之后会觉得更美。

为了更好地欣赏，有一位艺术家指出："为什么不要盯着手机屏幕看？因为从手机屏幕上看画只是看个大概。艺术品一定要去看原作，看原作才能近看、远看、宏观地看、微观地看，尤其是安安静静地往里面看。这样你就能够对这个作品有更多的认识。如果是雕塑的话，你还可以围着它看，所以贴近原作是非常重要的。"

四是必要的入情、入景、动情。[①]下面就是一个实例：

三进美术馆

北京优秀班主任张德庆，为了培养学生的审美能力，曾经连续三次带学生到美术馆参观。当教师第一次宣布要带学生们去美术馆时，孩子们欢呼雀跃，兴奋极了，因为大多数孩子还只是从远处看过这宏伟秀丽的艺术殿堂。

但是，教师没有想到，兴高采烈跑进这有着丰富展品的美术馆的孩子们，东跑西窜，十几分钟，一个个都"参观"完毕。当教师问他们"最喜欢

---

① 高楠：《艺术心理学》，辽宁人民出版社，1987，第267页。

哪幅画，为什么喜欢？"时，一个个目瞪口呆，谁也说不清楚。

教师没有灰心，又安排时间专门讲解了美术馆中的一幅名画：达·芬奇的《最后的晚餐》。教师娓娓地叙述着这个动人的故事。听了教师的讲述，孩子们惋惜地说，我们怎么没有看到这些？

于是，教师又带他们第二次走进美术馆。这次孩子们在《最后的晚餐》前静静地欣赏了很久，他们都被这幅名画的魅力征服了。

第三次，教师又带他们走进美术馆。这次，每个孩子都是默默地从这幅画踱向另一幅画，久久不愿离去。

（3）欣赏美是远离"冷漠、迟钝"的重要突破口。

经验说明，要想使孩子们远离"冷漠、迟钝"，欣赏美就是一个重要的突破口。

苏霍姆林斯基一直探索如何使孩子们离开"冷漠、迟钝"，他回忆道："我们永远也忘不了大家围坐在有小灯泡照明的鱼缸旁欣赏小金鱼的那些夜晚。我给孩子讲大洋的深渊，讲海洋生物非常有趣的生活。我那些很早就毕业，现已长大成人的学生，终生都铭记着那些夜晚。前不久科利亚对我说：'我常常梦见那只小灯泡。它那亮光成了知识的第一个源泉。它使我想更多地知道海洋深处的奥秘，知道神奇的鱼类……'

已是24岁的成人，还能怀着这样的热情回忆那些鱼，这说明那不是微末琐事，而是善良情感的一条渠道。我一直怀着急切不安的心情期待周围世界的美什么时候能在最冷漠的心灵中唤起善良的情感——爱抚和恻隐之心。"[1]

对所见所闻的观察、倾听和体验，犹如通向美的世界的第一个窗口。所以，我们认为很重要的一项任务，就是教会孩子能看到和感受到美，而待他有了这些能力之后，则要教会他终生保持他心灵的赞美之情和善良之意。[2]

（4）从欣赏进一步走向行动。

欣赏美——这只是良好情感的最初萌芽，但是还必须发展它，使它变为要求

① 苏霍姆林斯基：《育人三部曲》，人民教育出版社，1998，第62页。
② 苏霍姆林斯基：《帕夫雷什中学》，教育科学出版社，2001，第359页。

行动的积极愿望。①——教师需要引导孩子们进一步行动起来。

"对周围环境的审美感受是一种主观性活动，它有赖于目的是对现实进行审美认识的积极活动。对孩子来讲，他亲手在泥瓦盆里从幼苗培植起来的那棵花草，尽管并无惹人注目的姿色，也是无比珍贵。……只有当人经过劳动创造了美时，美才会使他高尚。"②看来，审美与主动地变革世界有关，也与变革自己内心世界有关。

经验证明，善良之情应当在童年扎下根来，而人性、仁慈、抚爱、同情心则在劳动中，在爱护和关怀周围世界的美中产生。③优秀的品质都不是靠道德说教能够培养出来的，只能是在劳动中、在改变世界的实践中逐步形成。

苏霍姆林斯基回忆起一个特殊的案例："……科里亚便给鸟送起饲料来了。当时他还没有怜悯生物的情感。他只是由于小朋友的赞扬（咱们的科里亚真行，知道该给鸟喂什么东西）而感到高兴而已。不过，即使良好的情感始于虚荣心也无妨。先让好行为形成习惯，过后它就会唤醒心灵。"④

从这里我们可以看出，苏霍姆林斯基的教育思想里充满了辩证法——唤醒心灵有各种途径。这里关键是相信儿童，相信他们的潜能。

4. 培养表达美的能力

我们要由衷地感谢苏霍姆林斯基，他把我们带入研究儿童思维的正确方向：从审美入手"形象地观察世界，力图用语言表达对美的感受——这就是儿童思维的核心"。而过去我们只是一味主观地按照成人的抽象思维去理解儿童，要求他们离开形象思维，用死记硬背的干巴巴的抽象概念回答问题，实际是阻挡了孩子用语言表达对美的感受。

（1）保护孩子们表达美的积极性。

当孩子们观察到天空中千姿百态的云彩、草原上万紫千红的花朵的时候，总是有一股抑制不住的激情，想用语言、绘画、歌声表达自己对美的感受。这时候我们的教师就应该鼓励孩子们："你们最喜欢什么，就画什么""你们对云彩展开

---

① 苏霍姆林斯基：《育人三部曲》，人民教育出版社，1998，第58页。
② 苏霍姆林斯基：《帕夫雷什中学》，教育科学出版社，2001，第454页。
③ 苏霍姆林斯基：《育人三部曲》，人民教育出版社，1998，第63页。
④ 苏霍姆林斯基：《育人三部曲》，人民教育出版社，1998，第60页。

想象……编一个有趣的故事吧。"

这个时候，教师最需要的是保护孩子们的积极性，保护他们尚未成熟的表达美的能力。千万不要用成人的标准来评价："胡说什么呀！画得一点也不像！"成人要善于在孩子们磕磕巴巴的语言中发现有价值的思想；在线条杂乱的涂鸦中发现美的情感。例如，有一个有趣的事情：

> 有一天，妈妈和孩子躺在床上要睡觉了，孩子突然向妈妈发表了一通有趣议论。
>
> 孩子说："妈妈，我喜欢头齐脚不齐，不喜欢脚齐头不齐。"
>
> 妈妈问："你说的什么意思？跟绕口令似的，妈妈听不懂。"
>
> 孩子说："现在咱俩躺在床上，两个头并齐，而您的脚，伸得远远的——这就叫头齐脚不齐；早上您送我上学，咱俩的脚能够并齐了向前走，可是我个子矮，和您的头没法看齐——这就叫脚齐头不齐。"
>
> 妈妈又问："那你为什么喜欢头齐脚不齐？"
>
> 孩子回答："躺在床上，头齐脚不齐，和您好聊天呀！上学的时候，脚齐头不齐，要想和您聊天，就得抬着头，伸长了脖子使劲喊，甭提多费劲啦！"

在这里，孩子用不够规范的语言，表达了美好的感情和有趣的思考。

（2）帮助孩子逐步掌握必要的知识和表达技巧。

教师不仅要保护孩子的积极性，同时还需要注意，一旦孩子产生了学习必要的知识和表达技巧的需要的时候，就应该热情地传授。例如，当孩子感到词不达意、词汇贫乏的时候，就需要鼓励孩子注意收集优美的词语；当孩子感到自己的笔画不出想要的效果时，就可以教一些线条的表现手法。但是必须注意的是：教师绝对要避免揠苗助长、越俎代庖。

有两条培养表达美能力的途径。

一是在生活情境中培养表达美的能力。孩子通过生活自理的劳动，把自己打扮得干干净净；把自己的生活环境（床铺、课桌）布置得整整齐齐。在和教师、同学、亲人、邻居的交往中，要文明礼貌。这是需要形成的最基本的表达美的能力。

二是在艺术活动中培养表达美的能力。在课内外，要鼓励孩子通过音乐、美术、舞蹈等活动，锻炼自己表达美的能力。这时候成人最需要避免的是用功利的目的去引导孩子。

在这个过程中，教师最需要注意的是：不要用成人的眼光来要求孩子，更不要求全责备。列宁的夫人克鲁普斯卡娅强调，在进行美育时，不要阻碍孩子："通过歌曲、节奏、音乐、舞蹈来表达自己思想的自然成长，不要把成人表达时所采用的复杂而又发展了的形式强加给儿童。"[①]

5. 培养创造美的能力

美育的根本目的，是引导孩子去创造一个美好的世界，创造一个美好的人生。创造性是人类的本质，创造性往往会成为孩子发展的重要动力。因此，创造美的能力是审美、立美的核心能力。

（1）审美理想是创造美的基础。

培养创造美的能力，首先要培养孩子从小树立审美理想，也就是从小要有创造美好世界和美好人生的梦想。正像苹果手机的发明人乔布斯所说："人活着，就是为了改变世界。"培养学生懂得要有审美理想，就是设想用美的尺度建造世界和人生，这种审美理想是创造美的能力的基础。

苏霍姆林斯基十分重视世界观对促进创造性的作用。他指出："加强世界观在培养智力和情感积极性中的作用……在学生的全部思想中，首先应当揭示各种观念、真理、规律性的世界观实质。正确认识周围世界的各种现象，有利于形成少年的道德信念、人的自尊感并促进创造性思维的发展。"[②]

"当一个人感到自己是创造者的时候，他就竭力想变得比现在更好。人在童年，在即将成为少年之前，就意识到自己的创造力和才能，这意义是非常重大的。这个自我意识，也就是个性形成的实质所在。"[③]

人通过创造，发现自己，肯定自己，意识到自己的创造力和才能，这时候才

---

① 唐彦生，隋玉梁：《家教大典》，蓝天出版社，1991，第428页。
② 苏霍姆林斯基：《育人三部曲》，人民教育出版社，1998，第108页。
③ 苏霍姆林斯基：《育人三部曲》，人民教育出版社，1998，第278页。

能说具有了精神世界的核心内容。

当前，我们的教育为什么会出现这么多问题，其中一个重要原因，就是世界观教育不到位。在社会上充斥着人都是自私的、相信有下辈子的"人世轮回"等错误的世界观时，教育界并没有进行强有力的反击和补上科学教育这一课。

（2）在实践中才能创造美。

只有人类才能"在他所创造的世界中直观自身"，人类从劳动产品中看到自己目的的实现和要求的满足，必然产生出喜悦的情感，体验美感。美学家曾经指出："没有创造性的劳动……不会创造美。恰恰相反，会产生丑。"

"实践不仅创造了对象世界的美、物的美，而且创造了人的美。因为，实践的美必通过实践的产品体现出来，而实践的产品作为异于自然存在物的人化物，凝聚着人的本质力量，体现着美的规律，不仅有美的内容，而且有美的形式，人正是通过实践把潜在的本质力量对象化为具有美的属性的客体，使自己的本质力量得到确证和实现，也使自己获得美的属性。"①

"充分估计年龄的特点，对正确组织儿童的创造活动具有特别重大的意义。在低年级学生中，重要的是把艺术创造同劳动活动的创造因素结合起来。"②

（3）激发创造美的需求。

"创造的灵感，这是人的一种需求，个人在这种需求中找到幸福。人在体验创造者带来的精神上的满足时，他真正地感觉到他是在生活。"③

要培养孩子从小逐步具有创造美的心理素养。审美过程涉及的主要心理因素有：感知、想象、情感、理解和自悟，这些内容在家庭和幼儿园中都处于启蒙阶段，应该着力打好这些基础。

有一位学者语重心长地说："其实审美的活动，说到根本的价值，就是它对创新这种能力的一种唤起。有许多伟大的科学家，在这一点上很有体悟，对艺术感知力、感受力所能带来的一种对未知世界的探索，这个价值是特别肯定的。"

一个孩子仅仅有美好的梦想和良好的心理素养是不够的，还应该在这个基础上刻苦锻炼，逐步掌握相应的技能技巧。不过，在这个过程中，最忌讳的是

---

① 索雪瑞：《美：人生价值的最高形态》，《理论与现代化》2004年第2期。
② 苏霍姆林斯基：《学生的精神世界》，教育科学出版社，1981，第79页。
③ 苏霍姆林斯基：《育人三部曲》，人民教育出版社，1998，第632页。

教师忘了美育的根本目的而产生的急性病。

"我认为有巨大教育意义的一点，就是使孩子能看到、理解、感受到去唤醒大自然中的生命是一个很大的秘密。第一批春天花朵的开放、幼芽的萌发，第一批嫩草破土，第一只蝴蝶飞舞，第一声蛙叫，第一只春燕飞来，第一声春雷，麻雀第一次春浴，这一切我都当作永恒生命的美展现在孩子们面前。他们受到这种美的感染越深刻，去创造美的欲望就越强烈。"[①]

在正确进行教育的条件下，孩子们以极大的兴趣，用图片表达自己的情感、思想和意向。儿童从直接的感知中获得的印象越深，教师用语言创造出来的形象越鲜明，他对用线条和色彩描述世界的要求就越强烈。

苏霍姆林斯基告诉我们：如果把艺术创造和劳动结合起来，孩子们的主动性就会调动起来。图片和教师的语言艺术，会激发孩子们的创作欲望。

（4）要充分发挥孩子的个性特点。

美的创造性都具有鲜明的个性特点，教师要善于发现孩子的个性特点。保护和发展它是学校、家庭的重要责任，在这个问题上，最忌讳的是教师、家长的盲目攀比和随大流。

"我读过许多关于图画教学法的书，而这时在我面前的是生气勃勃的孩子。我看出来，孩子的画、画画的过程，这是孩子精神生活的一部分。孩子们不单纯是在把周围世界中的某种东西搬到纸上，而是生活在这个世界里，进入了这个世界，并作为美的创造者欣赏着这种美。"

学生的创造什么时候开始呢？"当过去获得的、掌握的智力财富和审美财富，正在变成认识、掌握、改造世界的手段，同时人的个性似乎与自己的精神财富融合在一起时，创造也就开始了。"[②]

（5）成人要帮助孩子找到创造的方向。

支持孩子继承"泥人张"

有一位家长发现他的孩子特别爱玩泥，开始非常生气，觉得孩子没出息，只要发现他在玩泥就严厉制止，可后来孩子还是偷偷玩泥，主要是捏泥

---

① 苏霍姆林斯基：《怎样培养真正的人》，教育科学出版社，2001，第489页。

② 苏霍姆林斯基：《育人三部曲》，人民教育出版社，1998，第633页。

人，而且捏得活灵活现……

于是家长就耐心地和孩子谈："你已经上初中二年级了，怎么还整天玩泥？……"孩子打断家长的话，解释道："爸爸，这不是玩泥，这叫泥塑。我们美术老师还夸我手巧，让我好好练，将来继承'泥人张'的手艺呢！"

这位家长是第二炮兵司令部的一个军官，听了孩子的解释，就亲自去找美术老师请教。回来以后高兴地对孩子说："好啊！老师还说你是个小人才呢！好吧。我也支持！"他干脆亲自推了两车黄泥，堆在门口，对孩子说："你要想捏，就好好捏，好好练，要动动脑筋，出点自己的新点子……不过，功课也不能耽误了。"

孩子在老师、家长的鼓励下，科学安排时间，充分发挥了自己的才智，泥人是越捏越好，学习成绩也不错。在初中毕业时，他捏出了各有特色的《水浒传》中的一百单八将，一个个栩栩如生。据说，他把作品拿到报名处时，震惊全场，工艺美术学校的校长当场宣布：这个学生，我们已经录取啦！

家长在和我谈到这件事情的时候，感叹道："真是遇到一个好老师，发现孩子的潜能，给孩子出了个好题目，把他的能力挖掘出来了。"我说："你作为家长也做得很好，支持了老师的建议，提供了许多条件，使孩子的创造才能得以发挥。"

（二）美育的内容

1. 自然美

自然美不能离开自然。……但是自然在外在形式上，应该符合人的审美要求。也就是说，它的色彩应该是悦目的，它的声音应该是动听的，它的线条应该是宜人的。……自然美其实是人创造的。黑格尔说："有生命的自然事物之所以美，既不是为他本身，也不是由它本身为着要显示美而创造出来的。自然美只是为其他对象而美，这就是说，为我们，为审美意识而美。"[1]

自然美能够丰富、充实学生高尚的精神世界。

大自然的美，在培养学生高尚的精神世界方面起的作用很大。

---

[1] 黑格尔：《美学》，商务印书馆，1979，第160页。

首先，大自然的美能培养细腻的情感，帮助学生感受到人类的美、自身的美。苏霍姆林斯基说："我认为对自然界美的感受，积极去创造美的东西，是对青少年心灵的一种极重要的训练，是使人力求看到人的美及其心灵美，力求去确立人自身那种美的东西并蔑视懦弱、畏缩、意志薄弱不可缺少的东西。"①

大自然的美，为什么能够促使学生思考人生的美？这是因为，对周围世界的美的观察和感受，会使学生产生一种重要的思想——即世界、大自然和美的生命是永恒的，而我自己只能生活在大自然指定给我的一段时间内，因此，每个人在青少年时期，最重要的就是要考虑应该怎样度过自己的一生。如果教师能够有意识地做好这些引导工作，通过大自然的美，就不仅能够培养学生细腻的感情，还能够促使学生进一步思考怎样获得人生的美。

在真善美和谐发展中，大自然的美才起作用。

大自然的美，并不是能够自动对学生的精神世界起到提升作用。

为什么呢？苏霍姆林斯基指出了根本的原因："作为进行情感教育、审美教育和道德教育的一种手段，大自然的美只有在对人的个性施加精神影响的所有手段普遍和谐的情况下，才能起作用。""多年的经验证明，有的儿童和少年，心灵中的善良感迟钝、没有想变得更好的真诚的愿望，就会对动物冷酷地、残忍地'开膛破肚'，对大自然的美肆意破坏。人的尊严感的迟钝会使一个人看不到大自然的美。"②

一个情感冷漠、迟钝的人，对大自然的美仍然会无动于衷，因为，大自然只是善的源泉，而只有心灵美的人，才能发现善的源泉，才会被它感动，才能产生共鸣。"当年轻的心灵在人的崇高的美（善良、正义、人道、同情心、疾恶如仇）的感染下变得高尚时，大自然的美才能影响人的精神世界。"③

平时人们常常称赞梅、兰、竹、菊为四君子，这是因为它们的自然属性与人的精神品质有许多类似之处，发生着共鸣，这时候自然美才影响人的精神世界，如梅的耐寒、兰的素雅、竹的正直、菊的坚贞。所以人们常常用它们来寄寓自己的感情，磨炼自己的意志。④

---

① 苏霍姆林斯基：《怎样培养真正的人》，教育科学出版社，2001，第234页。
② 苏霍姆林斯基：《育人三部曲》，人民教育出版社，1998，第601页。
③ 苏霍姆林斯基：《育人三部曲》，人民教育出版社，1998，第601页。
④ 蒋孔阳等：《美与审美观》，上海人民出版社，1985，第79页。

在审美教育和情感教育中，不允许采用教训的方法，也不允许装出被大自然的美所感动的样子。教师只有真诚地爱上了大自然的美，他才可能在少年的心灵中点燃审美情感的火花。

因此，切莫忘记，大自然的美，只有在真善美和谐发展中，才起作用。

2. 社会生活美

社会生活美主要包括身体美、行为美、语言美、心灵美。

（1）身体美。

身体的形象美，是由人的容貌、形体、气质、风度等组成的整体身体美。[①]哲学所追求的"美的生活"无疑是需要由身体去体验和经营的。

身体的形象美，首先表现在健康。身体是生命的根基，身体是人类生命的载体，健康的身体标志着旺盛的生命力，它是身体美的基础。诗人马雅可夫斯基曾经写道："世界上没有比结实的肌肉和新鲜的皮肤更加美丽的衣裳。"有些人，不努力锻炼身体，却把全部精力放在修饰打扮上，实在是南辕北辙，达不到身体的形象美的真正目的。

身体的仪态美。活动的身体美，就是仪态美，它把培育得体、优雅的言谈举止、坐立行走、待人接物以至进食姿态等作为美育目标。

人类的身体是身心结合的。人类和其他动物不一样，人类有思维，有自我意识，有情感。人类的身体美与自身的思想感情密切相关。仪态包括面部表情、站立姿态、行走姿态、手势等等。要达到仪态美，除了心态要健康之外，还需要掌握一定的礼仪知识和进行必要的训练。

身体的仪态美，表现为动作的灵活与优美。"少年的力气无法遏制地想释放出来，因此十分重要的是使他们能够把一些复杂和细腻的动作与体力互相配合。"[②]"整个少年时代，男孩和女孩都参加体操组。这是我们全校学生最喜欢的运动项目之一。劳动与体育运动把男孩和女孩的体形美渐渐地塑造出来。"[③]

身体的体验美。有关身体感觉的美育就是体验美，它把培育和改良人的身体

---

① 方英敏：《身体美育与审美教育》，《贵州大学学报》2015年第4期。
② 苏霍姆林斯基：《育人三部曲》，人民教育出版社，1998，第411页。
③ 苏霍姆林斯基：《育人三部曲》，人民教育出版社，1998，第413页。

感觉、体验作为美育目标。①

为什么能够把对身体的感觉、体验作为美育目标？因为在体育活动中蕴含着丰富的美育因素，如形体美、力量美、动作美、风格美等。在训练过程中，孩子对身体的体验和欣赏十分重要。在运动中，身体的内感觉是一种重要的体验。比如练瑜伽、太极拳、坐禅，自己进行控制、调整，就会感受到一种美感；再比如，长跑训练中，如果孩子主动学习，掌握了科学呼吸的方法，能够度过疲劳的极限点，这都是美的体验。

（2）行为美。

行为美是社会美的一种表现形式。人在复杂的社会生活中，通过对真假、善恶、美丑的鉴别、判断，形成关于真善美的观念，进而对真善美有所追求，这种追求作为一种稳定的、系统的习惯情绪，构成了人的品德、情操等基本素质，这些素质表现在人的行为之中，就是一个人的行为美。

一个人的行为只要能够体现出对他人幸福的关心，有利于社会发展，这种行为就是美的。集体主义、正义感、勤劳、友爱、遵守纪律、对待本职工作的责任感、进取精神等等，都是行为美的表现。

一个人的行为是受思想支配的，进步的、革命的人生观是一个人行动的内在根据和动因。做到行为美，就要自觉树立高尚的人生观，懂得个人对社会和他人所应承担的责任，做一个高尚的、有道德的人；同时，严格的自我要求和刻苦的思想修炼，也是不可缺少的条件。

每一个社会成员都应该加强自我修养，努力使自己的行为符合大多数人的利益。在社会生活中，社会舆论用于评价人们的行为，是随客观事物的不断变化而发展变化的，自觉地认识并努力使自己的行为适应这一变化，也是做到行为美的一个重要的条件。

言谈举止应该是日常美育的第一课，成人要对自己的言谈举止严格要求。

"你们大人走路没个样"

一天，我在公园散步，迎面走来一男一女两个成年人和一个七八岁的小女孩，小女孩走得稍微靠前一点，气鼓鼓地不时回头看一眼那两个成年人。

---

① 方英敏：《身体美育与审美教育》，《贵州大学学报》2015年第4期。

原来是两个成年人边走边打闹，嘻嘻哈哈，推推搡搡。

后来小女孩忍不住生气地说："走路也没个大人样！"那两个成年人不以为然，不屑一顾地说："怎么啦，怎么啦！"小女孩更生气地说："你们大人还没有我们小孩走路像样呢！"

在美育中，之所以把行为习惯美放在前面，是因为年幼的孩子精神世界的成长，必须在行动中实现。对儿童来说，任何教育如果不能融入行动，往往等于零。讲一百遍洗碗的重要性，不如让孩子在洗碗过程中得到成就感、自豪感和美感。

所有成员应该具有的文明行为：一是礼貌用语；二是待人接物的文明举止；三是遵守社会公德。

仅仅行为美还不够，还需要养成好的习惯。英国有个谚语："行动养成习惯，习惯形成性格，性格决定命运。"例如，培养孩子从小养成读书和搜集网络优质信息的习惯，就是很好的习惯。因为书籍和网络优质信息，是人类文化的结晶，通过它们，我们可以跳出个人和环境的狭隘天地，更快更好地掌握人类文化，跟上人类前进的步伐。

（3）语言美。

语言是美育的内容，也是美育的手段，认识语言的美，是走向美的世界的第一步。理解语言的情感色彩，这不仅是艺术的入门，还是孩子丰富的、真正的智力生活的开始。当孩子发现了语言的美，就会产生极大的学习积极性，他们不是单纯为了考试，而是被美好的语言文字打动。有些孩子会主动地收集好的词汇、优美的句子，背诵经典的诗词。

培养孩子用语言表达美的能力。语言的贫乏，常常使一些孩子用不恰当的语言与别人交流。如有的孩子，不管是高兴还是不高兴，都用不礼貌的语言表示。在球场上有些观众竟然集体用所谓的"国骂"来表达自己的感情，这真是中华民族的一种耻辱。其实，这些年轻的孩子们，并不是有意为之，语言贫乏也是一个原因。

美是通过语言进入他们的心灵。教师和家长的每一句话，应成为一种情感—

审美的刺激因素，能激发出富有诗意的思维。只有有了富有诗意的思维，才能对人的美产生深刻的审美感。①

（4）心灵美。

美育，决不能肤浅地理解为唱歌、画画，美育的最终目的是提高人生的精神境界，也就是心灵美、人格美。

心灵美作为社会美的最高表现形态，是人的最本质的美。人的心灵美，是指人内心世界的美，内在精神的美，它包括人生观、理想、性格、品德、情操、学识、自我修养的各个方面，表现在人们实际生活的言论和行为之中。

品德、情操是由人的道德行为、道德意识和思想情感、意志信念等构成的。优秀的品德、高尚的情操在人的言行中表现出来，就是一个人的心灵美。崇高的爱国主义精神、国际主义精神，坚持正义、追求真理的革命斗争精神，刚正不阿、乐于助人、对工作认真负责和积极进取的精神等等，都是美好的品德和情操的表现。人生观、人生理想，是心灵美的核心。②

人生之美的核心是思想上选择和贯彻正确的价值观、人生观，实现人生价值。人生观是一个人形成品德、情操的决定因素。学校和家庭要善于引导每个成员实现人生价值，使他们成为具有美的心灵的人。

在人的外在形态和内在心灵美的对立统一中，心灵美始终起着决定、主导的作用。人的本质力量、人的自由创造，在内在心灵美里得到最充分、最直接的体现。当然，我们对心灵美的重视，并不是不要形态美。内在心灵美和外在形态美的和谐统一，是完美的人的美。③

在人际交往中的公正与真诚。

审美情感的源泉是审美知觉修养。一个人如果遭遇了不公正的体验，会使高度的审美修养所特有的敏感性变得迟钝。不公正会使学生的神经系统受到影响，进而使学生变得精神压抑、消沉。处于这种精神状态下人就不能正常地感知事物和现象，感知它们的色彩和品质，也不能正常地思考。他感觉不到自己周围的人们身上蕴含的美，对社会感到失望，从而也不去追求自身的美，不去追求人道主

① 苏霍姆林斯基：《育人三部曲》，人民教育出版社，1998，第629页。
② 王培智：《软科学知识词典》，中国展望出版社，1988年，第771页。
③ 王培智：《软科学知识词典》，中国展望出版社，1988年，第771页。

义的理想和善行。

人与人的关系中的真正的美——真诚，并非总是令人愉快的。真理常常是苦涩的、忧心的，真理中包含着对邪恶的谴责和不妥协。但最苦涩的真理会使一个人产生对做好人的向往，因为真理就其本质而言，永远也不会贬低人的尊严。

让每个儿童看到人的心灵美，珍惜爱护这种美，并用自己的行动使这种美达到应有的高度。

3. 艺术美

"艺术是什么？艺术是各种艺术作品的总称，是指那一件件的雕塑、绘画、电影、音乐、舞蹈、戏剧以及文学（诗与散文）等等。"

（1）艺术是美育中最主要的内容。

艺术能够对人的精神世界产生巨大的影响，艺术是美育中最主要的内容。

艺术包括：语言艺术（也叫文学，是用语言来塑造形象、表达情感的艺术形式）；造型艺术（绘画、雕塑、艺术摄影等都是属于造型艺术）；表演艺术（主要指音乐、舞蹈）；综合艺术（包括戏剧、小品、木偶戏、皮影戏、电影和电视剧）。

（2）艺术分为三个层面。

形式层——人类在原始的劳动生产中，逐渐对节奏、韵律、对称、均衡、重叠、单复、粗细、疏密、反复、交叉、错综、一致、变化、统一、升降等自然规律性和秩序性的掌握、熟悉和运用，在创立美的活动的同时，也使得人的感官和情感与外物产生了同构对应……在原始积淀的基础上，向两个方向伸延，一个方面是通过创作者和欣赏者的身心自然向整个大自然（宇宙）的节律的接近、吻合和同构……另一方面的延伸则是他的时代性和社会性。[1]

形象层——艺术作品的形象层则大体与人们心理的情欲人化相联系。而它的审美成果却表现为艺术积淀。所谓形象或形象层，一般指艺术作品所呈现的如人体、姿态、行为、动作、事件、物品、符号图景等可以以语言指称的具象或具象世界。[2]

---

[1] 李泽厚：《华夏美学·美学四讲》，生活·读书·新知三联书店，2015，第367页。
[2] 李泽厚：《华夏美学·美学四讲》，生活·读书·新知三联书店，2015，第375页。

意味层——所谓艺术作品的意味层……它是指艺术作品的形象层、感知层的"意味"和"有意味的形式"中的"意味"。这"意味"不脱离"感知""形象"或"形式"，但又超越了它们。第一，它所人化的是整个心理状况；第二，它有一种长久的持续的可品味性。为什么有些作品可以轰动一时，争相传阅，而时日一过，便被人遗忘？……成功的作品有持久性，从审美讲，就在这意味层。这意味层的"意味"便专指在这些意味之中的某种更深层的人生意味……①

由此可见，艺术美，当然有我们首先接触到的韵律、对称等形式和姿态、符号等形象，这些自然是人类长期实践的积淀，但是更重要的是艺术美有着"意味"。它有着人类独特的世世代代的体验，深化着对世界和人生的认识，因此，艺术美能够感染每一个人，唤醒人们进一步创造美。

（3）艺术对人的精神世界影响极大。

只有使人产生美感的作品才叫艺术。艺术，来源于生活，又高于生活，还反作用于生活。

以脍炙人口的《西游记》为例，首先《西游记》的故事来源于生活，"幻想的世界总是现实的摹本，这些大大小小的国王，正是人间君王的幻化。作家讽刺当代世风，痛骂人间帝王，不仅用宗教故事进行精神突围，世人醒心，而且还通过西行途中所发生的故事，来表达自己对黑暗现实的不满之情，虚幻的神魔世界成了真实人世的投影"。

但是，优秀的艺术作品，不会简单地停留在公布事实上，它能够抓住瞬息万变的生活，集中典型内容，加以升华。例如"孙悟空具有强烈的反抗精神和斗争意识，大闹天宫一节是孙悟空性格中最光彩的部分，是其自然性的表现，也是孙悟空最值得后人称道的部分"。②

因此，这样一个神话故事，在中国历史上，激励了无数人，蔑视权威，敢于"奋起千钧棒"向旧势力挑战。这就是艺术美能够反作用于生活的道理。

（4）艺术对于在少年时期塑造人具有特殊的意义。

---

① 李泽厚：《华夏美学·美学四讲》，生活·读书·新知三联书店，2015，第398页。

② 李彦华：《对〈西游记〉中孙悟空形象的解读》，《辽宁师范大学学报（社会科学版）》2009年第5期。

教育学是一种人类学，而这种人类学的基础，实质上就是创造幸福。在幸福的创造中艺术起着巨大的作用。

"艺术对于在少年时期塑造人具有特殊的意义。少年在认识的过程中应该感觉到自己是个幸福的人，体验到自己充满着创造力。如果少年的认识范围中囊括了所有美好的东西，就有可能产生以上的感觉。艺术认识，这是一个广泛的、多侧面的概念。不可以把这种认识归结为获得和积累知识，以便去回答教师的提问和得到分数。当人们认识美好的东西是为了自己，为了充实自己的精神生活，当人生活在艺术的世界中，体验到对研究美好东西的渴望，这时才开始对艺术的真正的认识。我认为教育的一项复杂而又细致的任务，就是要使艺术珍品成为少年的精神需求，促使他们尽量用最幸福的、最充满生机的心灵的劳动——对美好东西的理解，去充实自己的课余时间。"[1]

艺术怎样进入学生的精神世界呢?

艺术进入少年的精神世界中，是从认识语言的美开始的。最普通的，同时又是最有力量的艺术，就是文艺作品。[2]

语言艺术。语言艺术也叫文学，是用语言来塑造形象、表达情感的艺术形式。语言艺术教育，在学校虽然主要通过语文课，但是也必须是所有教师在工作中同样给以重视，才能培养学生在德智体美上得到全面发展。正像苏霍姆林斯基所强调的:"每个教师不管他教哪门课，都应当是一个语文教师。"

诗歌艺术。如果我们相信教育的强大力量，那么产生这种信念的最重要的源泉之一，就是诗歌的美，诗歌的语言反映着经过数百年的锤炼，才达到的人类语言智慧的深度。[3]

中国是诗的国度，教师要善于用丰富的传统文化熏陶、引领学生。

苏霍姆林斯基引导学生学习语言与音乐艺术的经验是:大自然—语言—抒情诗—音乐，尤其是民歌。

绘画艺术。理解绘画作品的最初的训练是直接观察大自然。为了让一个人能看懂并能体验和爱上绘画作品，就必须让他在自然界经历长期的情感教育。[4]

---

[1] 苏霍姆林斯基:《育人三部曲》，人民教育出版社，1998，第608页。
[2] 苏霍姆林斯基:《育人三部曲》，人民教育出版社，1998，第608页。
[3] 苏霍姆林斯基:《育人三部曲》，人民教育出版社，1998，第608页。
[4] 苏霍姆林斯基:《育人三部曲》，人民教育出版社，1998，第623页。

　　眼睛是思想和情感的镜子。不管我们观看什么样的绘画作品，我总是让少年注意艺术家在自己的作品中，所表现的这个人物形象的眼睛。①

　　眼睛是思想和情感的镜子，而眼神是一个人心灵的密码，悟透了一个人的眼神，就像是找到了他的内心世界大门的钥匙。

---

① 苏霍姆林斯基：《育人三部曲》，人民教育出版社，1998，第628页。

四、美育的方法

> 我们的任务是过河，但是没有桥或
> 没有船就不能过。不解决桥或船的问
> 题，过河就是一句空话，不解决方法问
> 题，任务也只是瞎说一顿。
>
> ——毛泽东

核心价值观教育，特别需要以情感教育为特征的美育。

幼儿园美育要遵循幼儿身心发展规律，通过开展丰富多样的活动，培养幼儿拥有美好、善良的心灵，懂得珍惜美好事物，能用自己的方法去表现美、创造美，使幼儿快乐生活、健康成长。义务教育阶段学校美育课程要注重激发学生的艺术兴趣，传授必备的基础知识与技能，发展艺术想象力，帮助学生培养艺术特长和爱好，使之具有健康向上的审美趣味、审美格调、审美理想。普通高中美育课程要满足学生不同艺术爱好和特长发展的需要，体现课程的多样性和可选择性，丰富学生的审美体验，开阔学生的人文视野。特殊教育学校美育课程要根据学生的身心发展水平和特点，培养学生的兴趣和特长，注重潜能挖掘，将艺术技能与职业技能培养有机结合，为学生融入社会、创业就业和健康快乐生活奠定基础。职业院校美育课程要强化艺术实践，注重与专业课程的有机结合，培养具有审美修养的高素质技术技能人才。普通高校美育课程要依托本校相关学科优势和当地教育资源优势，拓展教育教学内容和形式，引导学生完善人格修养，强化学生的文化主体认识和文化创新认识，增强学生传承和弘扬中华优秀文化艺术的责任感和使命感。

毛泽东同志说过："我们的任务是过河，但是没有桥或没有船就不能过。不解决桥或船的问题，过河就是一句空话，不解决方法问题，任务也只是瞎说一顿。"

"美育是一种特殊的教育形态，具有自身的规律、特性及目标，因此，美育的实施计划应该遵循教育教学的一般方法，也需要有与其特殊性相适应的特殊方法。我国对于美育功能、作用的研究相对多一些，但是，对于美育实施方法的研究却少之又少。"

美育方法的研究是当前一个需要紧迫解决的任务。"美育是要在具体实践中实施的，哪怕教师对美育的重要作用有所认识，如果方法不得当，美育实践还是不能取得应有的效果。因此，提高美育的实际效果，除了要提高对美育性质、规律、特点的认识之外，更需要深入认识和掌握实施美育的具体方法，这恐怕是当前改进美育教学最紧迫的任务。"[①]

如何深入认识和掌握实施美育的具体方法，完成当前改进美育教学最紧迫的任务？

在这里需要指出：美育，确切地说，包括审美与立美。

美育的方法：是从现实的生活美、社会美和大自然的美出发——辅以艺术教育——最终走向自身的美。从发现美到欣赏美；从欣赏美到表达美、创造美。

美的规律有四个本质因素组成：一是人的本质力量（人性、劳动与社会关系、主体性）；二是施加在对象世界上；三是通过自由、创造的形式（形象）；四是让人感到愉悦、快乐。符合这四点的才是美。美育的方法，也需要从以上美的规律、美的法则出发，进行探索。

基本的方法和思路，有三个方面：

（一）成人的榜样示范

教师身体力行，做一个有主体性的好榜样，这是中小幼教师美育第一个最基本的方法和思路。

教师是一种很特殊的工种，他面对的是人，是弱小稚嫩、正在发展着的人，

---

① 杜卫：《美育论》（第二版），教育科学出版社，2014，第253页。

这个工作最根本的性质，是影响人的精神世界。生活常识告诉我们：理想只能靠理想去培养，心灵只能靠心灵去塑造。这就决定了承担精神世界工作的教师本人，最重要的是心灵美。而心灵美的核心内容，就是人的本质力量。

每一次提到教师的心灵美，我就不由得想到两个"最后一课"的故事。一个是大家熟知的法国作家都德写的《最后一课》，讲的是在普鲁士禁止教授法语，改教德语后，法语教师韩麦尔先生给全体学生、村民上的最后一节法语课。韩麦尔先生，一个普通的教师，他的人格，他的气节，已经影响了全世界千千万万善良的人。

另一个"最后一课"，知道的人并不多。这位没有留下姓名的教师，他在死亡的考验面前，从容、平静，每每想到那个情境，都会让我们的灵魂受到考问：你在这时，能够做到吗？

在第二次世界大战期间，南斯拉夫的一个村庄里，面对侵略者，男女老少都表现得十分英勇，但最终由于寡不敌众，村庄还是被德国人占领了。德国人把全村的老百姓都集中在村子的中心广场，然后开始实施一个恶毒的计划。德国军官厉声地宣布："我们现在决定，要把所有的学生和老师全部枪决！"然后德国军官狞笑着说："不过，我给老师一个机会——只要老师表示亲善德意志帝国，就可以免死！"

老师毫不犹豫，平静地表示："让我第一个走上刑场，这就是我给学生们上的最后一课。"

敌人也深知，有什么方法最能摧毁人们的意志，首选的方法就是在人们的内心世界，先把大家尊敬的、为人师表的教师打垮。可是，这次敌人彻底地失算了。教师仍然一往无前，用宝贵的生命给学生们上了最后一课。

为什么教师的榜样作用那么重要？苏霍姆林斯基指出："学生认识人的世界是从教师开始的，显而易见，这就意味着教师是榜样。"[1] "教师成为学生道德上的指路人，并不在于他时时刻刻都在讲大道理，而在于他对人的态度（对学生、

---

[1] 苏霍姆林斯基：《德育中的教师语言》，《苏霍姆林斯基选集（五卷本）》，教育科学出版社，2001，第476页。

对未来的公民的态度），能为人表率，在于他有高度的道德水平。"①

在一个新班集体的建设中，对学生影响最大的是教师和同学。每个学生都是在班集体中通过师生、同学的相互关系，了解人与人的关系，形成最初的价值观、人生观。

苏霍姆林斯基语重心长地说："每一位教师的手里都掌握着几十人，乃至几百人的生活命运。用你那充满关爱的手去触摸学生们的心，去触摸他们的灵魂吧！"②

在提高教师美育水平，起到榜样示范作用方面，成都成华小学有一个成功的经验：

风采大师赛：为教师搭建展示自我的舞台。尚美老师文化建设，需要教师努力提高自身的审美修养和美育能力。教师一方面在以美育人，另一方面也应该以美育己，使自己成为尚美、审美、育美、不断创新的人。为了让教师把自己对美的理解表现出来，学校开展了风采大赛活动，为教师提供了一个展现自我和进行交流的平台。在比赛之中，教师除了展示外在形象，还会有个人内涵底蕴、艺术修养、表演技巧等方面的考量，其实也是对教师综合素养的一次大检验。通过教师风采大赛，教师积极主动地钻研美学知识，研究教师审美形象的内涵与外表的关系，探索教师形象与教学活动之间和谐的奥秘。

在各种教师成长活动中加入美育因素。学校在"青年教师赛课""校级最有影响力班主任评比"等活动中，引入美育评价标准，如学校制订了《审美化课堂导学评价表》，鼓励教师提升自身的美育修养，在教学中自觉贯彻美育原则。我们长期坚持在学科教学中渗透、挖掘美育教育点，制订出了《审美化课堂教学备课教案要求》和语文、数学、音乐、美术学科各册教材中各章节的《美育内容分析一览表》，探讨教学各要素审美化的可能性，从教学目标、教学内容、教学过程和教学情境等方面落实审美化课堂教学。多年的尚美教育实践使我们意识到，美是如此有魅力的东西，初尝它的甘甜之后便会吸引你走向更美好的境界，在那里，真善美最终都会交融在一起。

---

① 苏霍姆林斯基：《和青年校长的谈话》，《苏霍姆林斯基选集（五卷本）》，教育科学出版社，2001，第768页。

② 苏霍姆林斯基：《开发出每个学生独特的人格之美》，《苏霍姆林斯基选集（五卷本）》，教育科学出版社，2001，第125页。

父母的自我教育——应该是榜样作用的主要内容。

除了教师的榜样作用，第一任教师——家长的榜样作用同样重要。苏霍姆林斯基曾经说过："我思考过各个家庭的优点和缺点。好家长身上不费力而能为子女所仿效的最可贵的品德，就是心地善良，就是善于为他人做好事的品德。凡在那种父母能把自己的一分热忱奉献给人，能与他人休戚与共的家庭里成长起来的孩子，总是善良热情、富于同情心的。最严重的祸根，就是个别家长的利己主义和个人主义。这一祸端有时会变为对自己孩子的盲目溺爱。如果父母只顾关注自己的儿女，除此而外心目中别无他人，这种过分的溺爱最终总会变为不幸。"①

在家庭美育中，首先父母要有强烈的审美需求，进行自我美育，父母还要善于发现孩子们不同的艺术才能，及时给以关注。在这个基础上形成全家有特色的审美共同追求。

对于孩子来说，父母和教师是最主要的榜样，同时还应该扩大视野，提供更多的榜样，引导孩子学习优秀人物的美德。

（二）激发孩子的自我教育能力

引导孩子进行自我教育——按照美的规律塑造自己的人生，这是美育的第二个基本方法。

人要按照美的规律塑造自己的人生——所谓对人的塑造，这就是自我教育，也就是以人的本质的最高层——主体性，来对待、发展自己。

人，永远不会满足现有的生活，总要创造更新的生活。而人的自由自觉的活动是按照美的规律来进行的。人在变革世界的同时，也在变革自己。也就是每一个人不但按照美的规律塑造物体，同时按照美的规律塑造自己的人生。

为什么苏霍姆林斯基强调"美是进行自我教育最重要的手段"？因为美育是以自觉自愿形式进行的。没有说教，更没有强迫，完全是靠美的魅力吸引而来。黑格尔指出："审美带有令人解放的性质。"席勒说："通过自由去给予自由，这就是审美王国的基本法律。"

有的学校，创办了"美美课堂"，充分激发了学生的自我教育能力。

---

① 苏霍姆林斯基：《育人三部曲》，人民教育出版社，1998，第28页。

从费孝通先生"各美其美，美人之美，美美与共"三个层次出发，创造出让学生喜欢的课堂。所谓"各美其美"就是承认教师和学生各有自己美好的地方，不管是教师还是学生，都要能够有足够的自信，发挥自己的优势，提出自己的见解，积极地参与到教学活动中来；所谓"美人之美"就是课堂中的主体，不管是教师还是学生，都能够发现他人身上的闪光点，都能够倾听、理解和尊重别人的意见，看到别人的长处，欣赏别人的优点，让每一个人都熠熠生辉；所谓"美美与共"就是不管是教师还是学生，最好能够共同创造美的氛围，形成美的共识，获得美的享受，达到美的境界。

"美美课堂"会有"三声"，就是课堂上要常常有掌声、笑声和辩论声；"三话"就是学生在课堂上讲自己的话、讲真实的话、讲有创见的话；"三交"就是课程变成师生充分交流的平台、交锋的平台、交融的平台。

通过美育，激发了自我教育能力；通过自我教育，又发展了审美能力。

但是，美育最根本的指向，应该是引导孩子有美好的人生。因此，我们时刻不能忘记，要引导孩子"感知自然和艺术中的美，同时又能发现人的自身的美"。[①]凡是细心观察和感受到美的人，其本人就会成为美的人。相反，内心空虚，外表只会表现出迟钝、冷淡、毫无活力。[②]

孩子自我教育能力的培养，应该遵循自我认识、自我要求、自我践行和自我评价四个环节。通过培养、满足自尊需要，通过培养审美活动、情感修养，通过劳动、游戏、创造，通过读书与学习榜样，通过集体的相互影响五个途径，运用发现、唤醒、激励、反馈、引导、等待六个方法进行。

苏霍姆林斯基还特别指出：自我教育和个人的精神生活是从书本开始的。……为了培养一个人能在精神上独立生活，必须把他引进书的世界。书应该成为每一个学生的良师益友和明智的教导者。我认为，使每一个学生在小学毕业时能向往单独与书相处——向往默想与沉思，是一项重要的教育使命。单独与书相处并不意味着孤僻。这是思维、情感、信念和观点的自我教育的开始。[③]

---

① 肖甦主编译：《苏霍姆林斯基教育智慧格言》，人民教育出版社，2014，第223页。
② 肖甦主编译：《苏霍姆林斯基教育智慧格言》，人民教育出版社，2014，第223页。
③ 苏霍姆林斯基：《育人二部曲》，人民教育出版社，1998，第214页。

（三）发挥教师、家长的主导作用

美育同样不能忽视成人的作用。孩子是未成熟主体，因此教师、家长不能消极等待孩子自然成长，而应积极发挥主导作用，要善于设置条件，给孩子的成长提供美育的平台。这是第三个基本的方法和思路。

那种孤立地强调学生自然成长的思路不可取。

美育的任何一个具体活动，都离不开教师的精心设计、组织、引导和控制。光凭学生的自发性是不可能取得良好的活动效果的。西方一些学校一度风行的，所谓学生完全自由地表现与探索的方法，已被实践证明存有许多弊病，甚至对学生的审美发展是不利的。[①]

在发挥教师、家长的主导作用方面，教育者的情感、态度是非常重要的，教育者如果是从内心真正相信孩子，那么你的言语，甚至暗示，孩子们都会从内心感触到；如果不是，教育者即使嘴里说的是一些所谓鼓励的话，但是孩子们会从你的面部表情、不经意流露出的行为、语气，得到一种伤口上撒盐的感觉。这时候师生关系、亲子关系就会走下坡路。

教师、家长发挥主导作用，还需要注意面对学生的年龄特点，采取的方法要符合他们的心理需要。

小学阶段，学生更喜欢温和、可亲的班主任。

一项共有4930人参与的调查问卷显示，超过五成的学生更喜欢温和可亲的小学班主任。

在芳草地国际学校世纪小学，马国辉是一位学生公认的好班主任。有的学生比较胆小、害羞，不太敢跟老师直接对话。为了能与每一个学生心灵相通，马老师巧妙地设立了"金点子"信箱。他告诉学生们：如果你们有什么事想单独告诉老师，又不想当面说；如果你们有什么委屈想向老师倾诉，有什么烦恼想让老师了解；如果你们有什么建设班集体的好办法想告诉老师等等，都可以写一张纸条，放进信箱里。

实践证明，这个小小的信箱，对于那些胆小或性格内向的学生，就像开

---

① 杜卫：《美育论》（第二版），教育科学出版社，2014，第258页。

辟了一条绿色通道。学生们有的说，家里养的小动物是多么可爱，邀请老师去他们家看看；有的说自己和伙伴发生了矛盾，又不知如何解决，请老师帮忙出招；有的说爸爸妈妈最近关系紧张，他很担心；还有的学生，同家长一起为班级建设提建议……

通过绘本故事、诗歌等形式，学生们喜欢上了东城区史家小学分校黄旭老师。作为年轻的班主任，他用特殊的方法与学生打成一片。每次进班的时候他总会发现垃圾桶旁边有些散落的垃圾。但是仅凭耐心劝导学生并没有起到关键性的作用。于是黄旭老师创作了名为"哭泣的垃圾桶"的绘本故事，并将它悬挂在垃圾桶的正上方，让学生能够很醒目地看到它。不可思议的是，学生们都争先恐后地去看这个绘本，并在扔垃圾的时候互相提醒、互相督促，从此以后再也没有出现之前的现象。

对于孩子来说，一年中最让他难忘的是自己的生日，从一年级开始，昌平区第二实验小学刘春燕老师就有计划地每年送给孩子们不同的生日祝福，带给他们不一样的惊喜。比如，一年级时，刘老师会送给孩子们只属于他们独一无二的生日诗；到了二年级，每个孩子会收到来自同学的生日祝福，集成生日册；三年级时，她送给孩子们生日故事，而这些生日故事是根据孩子的性格、习惯、梦想而编写的，包含刘老师对他们的鼓励与期望……

初中阶段，学生喜爱幽默、智慧的班主任。

北京市第18中学马德军是孩子们眼中的暖男班主任。为了提高数学教学的趣味性，他在教学中充分挖掘生活资源，通过许多脍炙人口的故事、诗歌、小品等，创设丰富的教学情境，激发学生的求知欲。马老师用欣赏的眼光看学生，欣赏学生的进步，欣赏学生的差异，欣赏学生的不同见解。班级管理中，他爱学生于细微之处，从不因自己的好恶偏爱、嫌弃任何一个学生。

"马老师有一颗温暖的心，给我们提供了一个幽默智慧的课堂，他是我们的良师益友。"在学生心中，马老师的幽默与智慧，给了他们前行的动力。

北京教育学院朝阳分院甘铁军主任建议：初中学生的思想非常活跃，处于儿童到成人的过渡时期，他们的思想还不成熟，容易偏激，情绪不稳定，波动大。这对初中班主任来说是一个很大的挑战。面对性格多变的初中生，班主任不妨放下身段，以幽默和智慧的语言和行动走进学生的内心。

高中阶段，平等、民主的班主任更受欢迎。

中关村中学的王昕被评为最喜爱的班主任。他说，在他看来，高中阶段的孩子，有较强的自我意识，人格独立，个性张扬，虽然不喜欢"集体主义"，却依旧看重团队，看重自主决策、自我选择。要做好班主任，必须要针对学生的特点进行教育工作。高中三年，王昕始终关注他们的学业规划和素养规划。

在他看来，高一是学生适应阶段，老师的身份定位是引导者；高二学生的自我意识增强，越来越关注他人对自己的看法，老师的身份定位是协助者；高三学生面临高考，明确理想，老师的身份是陪伴者和监督者。在这样民主、平等的氛围中，我与学生拉近了距离。

到了高中，由于身心的迅速发展，这些步入青年初期的学生的独立心理、批判心理、逆反心理增强，他们力求摆脱对成人的依赖，老师、家长在他们心目中的权威降低。甘铁军主任建议：面对高中生，班主任需摆正心态，以平等、民主的心态去面对学生，会收到意想不到的效果。①

以上三个基本的方法不是美育独有的，实际上是各种教育都需要遵循的基本方法，现在是在讲如何落实在美育的内容上。

教育的各种要素，都不可能单独发挥作用。美育实际上不能离开德育、智育、体育。例如春游去接触大自然，肯定有爬山、涉水等体育活动，也离不开对世界充满奥秘规律的了解——这是智育；在这个过程当中，更会体悟到人与大自然的关系，人人互相关照的关系——这就是德育，同时自然美、社会美、心灵美的体验，都会在其中。

下述的七个具体方法，都是美育与各种教育的结合。

①　郑祖伟：《学生喜欢什么样的班主任?》，《现代教育报》。

（四）美育的七个具体方法

1. 环境熏陶

营造美育环境，提供审美平台，让孩子们从小"泡"在艺术氛围里，潜移默化受到美的感染，这是最经常使用的方法。

在中国历史中，艺术世家层出不穷，例如书法家王羲之的书法世家；京剧艺术家梅兰芳、谭元寿的京剧世家，几代人，代代有人成为名家，其中一个重要的原因就是家庭环境的熏陶。例如京剧名家谭正岩等人的回忆文章写道：

> 年近八旬的谭元寿，身上果然带着老辈京剧艺术家的风范———谦逊、平和，说什么都是笑呵呵的，沉着而不乏幽默。
>
> 孙子谭正岩说：戏上的事，他最佩服的是爷爷，最怕的也是爷爷，因为他是现在唯一在谭派艺术上有发言权的人了。听我妈说，她刚怀我的时候，爷爷就开始翻字典，给我找字儿起名。最后起了"正岩"二字，是因为京剧老生谭派和余派本是一家，我家祖上谭小培曾经教过余叔岩（京剧余派老生创始人）戏，谭富英又跟余叔岩学过戏，爷爷希望我能够继承最正宗的谭派和余派，成为"谭家的余叔岩"，就取名"正岩"。
>
> 我的童年是在姥姥身边度过的，那时候每两个星期跟着我爸妈去一次爷爷家……小时候爷爷管我叫"孙大圣"。我还走不利索呢，就让父母抱着去看他演出。爷爷一看我来后台，不管化没化妆，先抱着我挨个儿跟人家介绍："这是我大孙子，我们家的'孙大圣'！"也因为我是长房长孙，爷爷真拿着我当宝似的。
>
> 我小时候看的戏不多，但是跟着爷爷，就能见着京剧界的老人儿。著名的武生杨少春，我六七岁的时候看过他演的《闹天宫》，管他叫"猴子爷爷"。那是我第一次觉得京剧好看，孙悟空这个猴子真威风！爷爷还让人家给我扮上，勾上猴脸，戏服都拖着地，帽子比我肩膀还宽，觉得特别好玩儿……①

环境是靠人来营造和改变的。教师和家长要善于为学生提供审美、立美的平台。

---

① 谭元寿，谭正岩：《孙子眼中的谭元寿：京剧就是他的命》，《新华文摘》2004年第21期。

现在不少学校已经设立了自由创作的"一面墙",供学生自由发挥,把自己的想象力充分发挥出来;有的学校开辟了"中午一小时"文艺创作自由空间,由孩子们自己主持、自己表演、自己管理。孩子们的艺术才能在这里会得到充分展示。

学校还应该引导家长在家庭里设立"一面墙",开展家庭文艺晚会等活动,让孩子们的审美、立美需要得到更多的满足。

根据各个学校的条件和特点,美育的环境应该和美育的系列措施配合起来。例如苏霍姆林斯基在帕夫雷什中学就摸索出音乐—想象—幻想—童话—创作这样一条美育途径,孩子就是按照这样一条途径发展他的精神力量的。因为他深信"音乐旋律能唤起孩子一些鲜明的印象。它是培养理智创造力的无与伦比的手段"。

当然,反过来说,如果堵塞了孩子的"音乐—想象—幻想—童话—创作"这样一条途径,而是走"听讲—背书—写作业—考试"这样一条途径,产生愚昧、精神贫乏的人,就毫不奇怪了。

2. 发现、唤醒

有研究者发现,一个人成长的一生中,最理想的是能够遇到四种不同的专家。第一位的特点是热爱孩子,尽管专业水平不高,但是他理解孩子,善于发现孩子的闪光点,能够热情地鼓励孩子。第二位的特点是,专业水平应该是在本领域的佼佼者,能够引导孩子达到一定高度。第三位的特点是,在世界范围内是该专业的权威。第四位就是学习者自己,在这个时候,他应该闯出自己的成功之路。

我觉得最重要的是第一位专家,他能够发现和唤醒孩子的各种潜能,其中包括审美、立美的潜能。

你很能画啊!

我的初中是在师大附中度过的,美术教师是邓海帆先生,他不仅是优秀的教师,也是一名颇有名气的美术家。他对学生总是很和蔼,同学们都非常喜欢他。课上我们画画的时候,他仔细地看每一个同学怎么画画。有一次他走到我身旁，看了一会儿，轻轻地说："你很能画啊！"这句话对我影响很大。后来，邓海帆先生推荐我代表全国少年儿童美术爱好者拜见过齐白石大师。虽然我后来没有从事美术工作，但是，老师对我这个潜能的发现和激发，对我一生的影响仍然很大。

孩子的发展，尤其是在起步的时候，往往是困难重重，这时候最需要成人的鼓励。而令人遗憾的是，很多成人在这个时候往往十分吝啬鼓励，他们或者以自己主观的标准衡量孩子，或者以十全十美的标准要求孩子，哪壶不开提哪壶，结果是越看越生气，越说越有气，把孩子可贵的进步萌芽一下子打了回去。

而相反的做法——"哪壶开了提哪壶"，往往效果比较好。例如：

这个"千"字写得真好！

有一位教书法的小学教师，在指导学生写字的过程中，采取的是"哪壶开了提哪壶"的方法，使得学生写字的积极性越来越高。比如，有一位能力比较差的学生，写了"一日千里"四个字，其中三个字，实在不像样子：有的歪七扭八，有的墨迹都洇出一大块，只有"千"字，写得还算是端正。这时候，老师立刻兴奋地对他说：这个"千"字写得真好！赶紧拿来向全班展示。

唤醒的方法，首先是要关注他、重视他。父母和教师如果总是叮咛、检查、监督、审查孩子，肯定是"费力不讨好"，因为孩子时时感到被管制，被压迫。

而换一个思路，家长如果是因为对孩子抱有期望和尊重，而表现得十分关注他、重视他，情况就会大不一样。孩子们一旦感到被关注、重视，也就是得到了更多的信任和期待的时候，他们的内在动力就会被唤醒，走向自我肯定；就会变得更聪明、能干、有悟性。

炉长的三次"跳"

特级教师魏书生讲过一个关于"炉长"三级跳的故事，可以看到一个学生被人重视之后，产生的有趣现象。

班上有一个让人头痛的学生，他精力充沛，大错虽然不犯，但小错不断。学习不知上进，好像什么也感动不了他……

今年一入冬，班上照例要选举"炉长"。老师高兴地看到这位同学也参加了竞选，而且光荣地被选中。

"炉长"上任了，与此同时，魏书生老师向全班布置了一篇观察作文，题目就叫"炉长"。

于是奇妙的事情发生了。开始"炉长"自然是每天早来晚走，劈柴，烧火，填煤，清理煤渣，干得非常认真。这时他只是想，既然大家信任我，就应该把任务完成好。

但是过了些日子，他越来越感到，大家为了写作文，天天都在观察他，自己成了全班注意的中心，一种强烈的进取心便油然而生。他决心使自己的"炉长"形象更加光辉，于是工作干得更出色了。勤看火，紧填煤，使得教室总是暖烘烘的。不过，其他方面仍没有多大的变化，这就是"炉长"的第一跳。

老师要求这篇作文是三个月才交，时间一长，"炉长"的心理又发生了重要的变化。他想，大家天天观察我、关注我，但"炉长"的光辉，不能是只表现在管理炉火上吧？在其他方面也应该像个样子。于是，他自觉地注意了上课的纪律。这就是"炉长"的第二跳。

这立刻就被同学们发现了，大家都以一种欣喜的心情看着他。在大家热切的目光的鼓励下，"炉长"决心开始第三跳。不只纪律好，还要把学习真正地搞上去。这一跳，对于他当然是比较难，但是，几十双关注的眼睛在鼓舞着他，再加上遵守纪律后，老师的讲课自己也听进去了，慢慢地他的学习成绩果然有了提高。

三个月过去了，一篇篇文笔生动、内容充实的作文《炉长》交了上去，而被关注、被观察和被描写的"炉长"本人，也通过这"三级跳"变了样。[①]

"炉长"的三级跳，是三次唤醒，每一次唤醒，都增添了新的自我要求，是在螺旋式上升。

---

① 冉乃彦，丁榕：《对新世纪家长的建议》，中国环境科学出版社，2001，第204~205页。

3. 活动、体验

美育的主要方法，应该是让学生多参加活动，得到丰富的体验，长期逐步积累经验。

关于学校举办美育活动的经验，现在已经很多了，这里不准备赘述。而通过活动，让学生得到体验，产生愉悦，则是需要进一步探讨的问题。

> 一个很有意思的现象是，在巫术礼仪中，原始社会的原始诗歌中、舞蹈中，以及在音乐中，都有一种形式重复的特征。孔子听音乐，"必使反之，而后和之"。《诗经》里的许多诗歌都是三复其言，一唱三叹。小孩听故事，你讲完了，他却要求再讲一遍。大人听了一遍，再听就觉得没意思了，但小孩却老要求再讲一遍。小孩愿听几遍好听的故事，而不愿听一遍乏味的故事。为什么？因为在听的过程中调动了他的各种心理功能，这里有高兴、有悲伤、有希望、有害怕……他们谐和地配置组合起来，他觉得很满足、很愉快，所以就老叫你再讲一遍。童话之于今日儿童，正如神话、音乐中的重复之于古代人类。为什么神话里有那么多的重复？为什么音乐里也如此？都是因为通过反复，才能更好地塑造人的心灵，陶冶情欲，以构成和建立新感性。[①]

可见，有时候，重复对于增强体验、积累经验是十分必要的。

这里也涉及"体态律动"的重要性。

身体的动作带动心理的发展，这是对儿童进行美育必须遵循的一条规律。让他们毕恭毕敬地坐着欣赏绘画或音乐，会使他们很快感到疲劳和乏味，其美育效果是不会好的。事实上年龄越小的儿童，在艺术方面的活动就愈显示出身体动作和生理活动的特征。因此，美育过程应充分考虑到他们的这一特征，把美育的教学过程设计成一种生动活泼的全身心活动。

瑞士音乐教育家达尔克罗斯创造了一种在全身心活动中发展儿童音乐感的"体态律动"方法。他的具体方法是，根据音乐的速度、节奏、力度、分句、情绪等变化，教儿童把自己的身体当作乐器，有控制地做出各种幅度和力度的动

---

① 李泽厚：《华夏美学·美学四讲》，生活·读书·新知三联书店，2015，第378页。

作，重新表达出他所听到的乐曲。①

在最早的美的创造和审美创造与欣赏中，亦即在原始的生产劳动和原始的歌舞礼仪中，以肢体活动为主的形式创造，在今天的幼儿和儿童的审美教育中，仍然应当是一种基本的和基础的训练，其中包括有对自由的形式的复现、领悟和感受。如何在高度机械化的世界，重新振兴对人类的肢体活动的培育训练，包括今日的气功、太极拳，便不只是涉及人的身体健康或延年益寿的问题，而且其中也包含有人的自然化和自觉塑造心理——情感本体的美学问题，这与美感的三形态也是密切相关的。②这方面是我们当前需要加强的。

4. 激发、推动

美育不能只有教师的积极性，需要把教师的积极性，变成学生自己的积极性，教师要善于激发学生的表现和创造的动力。

这里的关键是唤起学生审美、立美的期待和冲动。

"激发表现动力就是唤起审美期待和审美冲动，使学生进入一种渴望情感传达和交流，希望投入到审美创造活动中去的跃跃欲试的积极状态。这是使美育活动富有生气和活力的基本条件，也是让学生的审美情感生活成为可能，使他们的审美能力和审美意识得到发展的基本条件。"③

唤起的方法首先是教师对艺术的热爱，教师精神饱满地投入到活动中，用自己火一样的热情，点燃学生的热情。当学生有气无力地唱歌的时候，如果教师只是在一旁叫喊"感情要充沛，声音要洪亮"，往往是毫无用处的。当教师自己突然用极其响亮、充满感情的歌唱，划破沉闷的空气，学生们肯定会为之一振。

其次，教育环境的氛围也会调动学生的审美激情。学生一踏进美术教室，光线、色彩就让人感觉是进入了一个美轮美奂的世界……学生走向音乐教室的时候，悠扬的乐曲已经飘至耳边，人们不由得踏着节拍，哼着旋律，进入音乐教室……这时候学生们的期待与冲动正在慢慢形成。

再有，教师和家长要善于根据学生的年龄特点，提出激动人心的目标，精心

---

① 杜卫:《美育论》(第二版)，教育科学出版社，2014，第257页。

② 李泽厚:《华夏美学·美学四讲》，生活·读书·新知三联书店，2015，第353页。

③ 杜卫:《美育论》(第二版)，教育科学出版社，2014，第262页。

设计出实现的方案，唤起学生强烈的审美期待和冲动。下面就是一个成功的
案例。

三八节为母亲设计的手帕

北京市朝阳区有一位美术教师，在"三八"国际妇女节前夕，上了一节
"手帕设计课"，他为了使学生受到多方面的教育，就积极开动脑筋，反复进
行思考，精心设计了这堂课。

课上，他提出每个同学要亲手设计这个手帕，把它作为三八节送给母亲
的礼物，而且这一次要由母亲亲自来打分。可以设想，学生们一定会怀着一
种特殊的心情，拿出全部的爱心和能力去完成这个作品；而母亲看到孩子为
自己设计的手帕，将会多么激动。

有一个同学设计的是梅花的图案，他说"因为我妈妈最喜欢梅花"。而
另一个同学设计的是"奔马"，教师好奇地问："难道你的妈妈喜欢马？"学
生回答："其实是我爸爸最喜欢马。但是最近我发现爸爸和妈妈吵架了，所
以我把爸爸喜欢的马，画在给妈妈的礼物上，妈妈看到了一定会知道我
的目的……"

这个教学设计多么好啊！它令我佩服得五体投地，因为这里不但进行了"德
智体美劳"教育，而且充分调动了每一个人的情感，为他们设置了心灵沟通的舞
台。实践证明这位教师的设计是相当成功的，这堂课受到了学生和家长的热
烈欢迎。

5. 传授基础知识与技能

在美育工作中，有一个貌似先进，实则错误的理念——生怕影响孩子们的自
由创作，绝对不要传授方法。可是实际上孩子是未成熟的主体，他不可能无师自
通地创造非常科学的表达美的方法。由于没有解决好在发展审美、立美中"桥与
船"的问题，结果是影响了孩子的成长。

《意见》明确地指出：要"传授必备的基础知识与技能，发展艺术想象力和
创新意识，帮助学生形成一两项艺术特长和爱好，培养学生健康向上的审美趣

味、审美格调、审美理想"。

　　据报道，江苏省扬州市邗江区农村学校，根据地方特色，通过教师和家长手把手传授，每个学生都能够学到一手艺术"绝活"。有的根据校本教材，学习当地有特色的剪纸，有的以当地风行的"舞龙"活动为抓手，开展一系列艺术教育。

　　教师要保护学生的自主性、创造性，但是不等于让学生完全"自然成长"，一旦学生产生了学习必要的知识和表达技巧的愿望的时候，就应该热情地进行传授。例如，当孩子感到词不达意、词汇贫乏的时候，就鼓励孩子注意观察、收集优美的词语；当孩子感到自己的笔画不出想要的效果时，就可以教一些线条、明暗的表现手法。

　　当然，另一种方法也是错误的：把一种方法强加给孩子，让孩子们死板地模仿。比如画小鸟，一律是画头是一个大圆圈，画眼是一个小圆圈，画嘴是两个三角。这种模式的确会压抑孩子的创造性。

　　正确的方法是，让孩子们先大量欣赏优秀的作品，学习多种表达美的方法，然后让孩子们自己去选择，在实践中去体悟。

　　教师在传授方法的时候，需要注意发现和鼓励孩子们的创造。因为在孩子们学习，甚至进行模仿的时候，绝对不会是百分之百的模仿，他们在模仿中总会融进自己的创造。

　　音乐教育中如何传授必备的基础知识与技能，发展艺术想象力和创新意识，培养学生健康向上的审美趣味、审美格调、审美理想？有的学校已经摸索出一些创造性的经验：

用音乐点亮教育

　　北京市石景山区的爱乐实验小学是全国首家音乐教育实验校。2009 年学校与中央音乐学院达成合作协议，由中央音乐学院配备师资力量进行教学，着力通过音乐特色课程建设，促进学校发展，创建学校品牌。

　　学校确立了"爱育智识，乐纳人生"的核心价值观，"追求真、善、美的幸福人生"的学生培养目标，"幸福起点，美好家园"的发展目标，"生命因我而动听"的校训等。

确定了学校的音乐特色之后，老师的积极性不断被调动起来……有的老师对校园文化的细节精益求精，甚至上下课的铃声也被换为了世界经典名曲。有一次年轻的老师提出：校园中课间操时使用的是普通的进行曲。但世界名曲中，也有很多节奏感很强的音乐，适合课间操使用。正是这样一个小小的校园文化细节，让师生们都很惊喜，学生们很快适应了重新编排的世界经典音乐，可以一边锻炼一边欣赏世界名曲。

如今，爱乐实验小学已将音乐教育普及至全校，实行每天一节音乐课，并由中央音乐学院从师资、教学、课程等方面予以支持。中央音乐学院还聘请外籍专家来学校授课，让孩子们享受最优质的音乐教育。据了解，作为音乐教育实验基地爱乐实验小学的音乐课教学采用"奥尔夫"等前沿音乐教育理念，运用孩子们所熟悉的语言、节奏、动作、舞蹈、生活中的各种声源等音乐元素，以和声的方式进行音乐素质的训练，让孩子们通过游戏的方式，体验音乐，帮助孩子学会听音乐、欣赏音乐。同时又让孩子们发挥想象力和创造力，积极创造出各种独具个性特色的表现方式，表达自己对音乐艺术的理解。

2010年，学校召开了"让音乐属于每一个中国人"的全国音乐研讨会，得到了大家的高度评价：爱乐实验小学的音乐教育不只是简单地教授学生唱歌、跳舞，而是一项涉及语文、哲学、心理学等众多领域的综合教育，在提高学生综合素质、促进学生全面健康发展方面，有着至关重要的作用。[①]

6. 循序渐进

很多孩子对艺术失掉兴趣，一个重要的原因是成人的无情打击。虽然成人往往是无意犯的错误，但是后果相当严重。例如孩子认真画了一张"妈妈"的肖像，牙齿数目绝对准确，就连一颗小痱子都没有忽略掉。可是妈妈的评语却是："难看死了！"这位妈妈忘记了孩子的年龄特点，不知道孩子掌握绘画有一个阶段性。成人培养孩子的美育方法，需要严格地遵循孩子发展的年龄特点。

[①] 《现代教育报》2016年9月9日冉阳专题报道。

关于美育的年龄特点与教育，本书专门有一部分介绍，在这里就不再重复介绍了。

儿童的发展，既有连续性，又有阶段性。他们审美、立美能力的发展，还要受到其他心理、生理发展程度的限制。因此，循序渐进不仅是一个重要的方法，更是一个重要的认识原则。

下面这张图，是我在幼儿园进行调查研究时，请三至五岁的孩子画的"自己"。大家从上往下看，随着年龄的增长，他们画的自己变化很大。这里就不仅仅是绘画方法的提高，更多的是他们对自我的理解也在发生重要的变化。

比如，三岁孩子画自己，基本上都是头和躯体合在一起，四肢从中长了出来。五岁以后才能够画出正确的手指数目。

特别要说明的是：上面介绍的这些特点，个体差异不大，但是年龄差异很大。而且每个年龄段的特点，是绝大多数人共有的，比例很高（后来看到国外的调查，发现外国小朋友的情况也遵循这些年龄特点）。

3~5岁幼儿的自我画像

7. 尊重个性

美育的关键是发挥孩子的自由自觉的特性，所以首先要提供一个安全的环境。在这种环境中，孩子们才有可能放松地、积极地展现自己的个性。

然后，教育者要善于因材施教，根据不同个性提出目标、要求，进行评价。

"我观摩过社会上的儿童美术班的课。老师在黑板上画一个圆圆的苹果，然后有一个柄，一律向右偏，上面长了一片叶子。结果，孩子们就完全按照老师的画法，而且苹果柄也一律向右偏。这种机械的教学方法，一开始就把孩子的个性压抑了。当然，绘画方法还是需要教的，只不过在画范画时，应该以多种多样的苹果画法，丰富孩子的头脑，启发孩子们去选择，尤其是让孩子们需要注意观察。

下面就是一个尊重个性的教育方法。

唱《小蝌蚪找妈妈》的不同见解

"同样是唱《小蝌蚪找妈妈》这首歌，有的孩子认为青蛙妈妈应该唱得响亮，因为它长大了，是妈妈；有的孩子则认为，青蛙妈妈应唱得柔情，因为这是妈妈在同自己的孩子谈话；有的主张强调小蝌蚪的演唱，有的主张强调青蛙妈妈的演唱。教师在这种情况下应该做的事情是，让小朋友们自愿结合，让他们将自己的理解尽情地表现出来，并不强求全班学生的一致。……这种做法有利于学生自己去体会，自己来表现，只要是有价值的，都应该鼓励。"①

美育方法的难点是如何从欣赏自然美、艺术美走向自身美。

苏霍姆林斯基为什么指出："对音乐旋律美的感受会向孩子揭示他自身的美——小小的人会意识到自己的长处。"②就是因为，孩子们在审美过程中，发现了世界上一切事物的美。这时候，孩子们很自然会发现人的美，想到自身的美。

在劳动中，尤其是苏霍姆林斯基强调的"要单独与'美丽角'接触"，更有助于孩子们发现自己，发现自身的美。因为在实践中会发现自我的本质力量。

如果教师是一个尊重个性的人，就更加有利于通过评价，启发学生发现自我，引导学生在交往中、互动中发现自我。

当然，引导孩子们发现自我与对客观世界的认识并不矛盾。因为"对外、对内具有同一性"。也就是说，一个孩子，他对外面世界了解得越多、越深刻，往往也有利于对自我了解得更多、更深刻。因此，我们在提倡尊重个性的时候，绝对不要把个性看得高于一切，反而把孩子限定在狭小的个人天地里。

---

① 杜卫：《美育论》（第二版），教育科学出版社，2014，第271页。
② 苏霍姆林斯基：《育人三部曲》，人民教育出版社，1998，第67页。

五、美育的途径

总体上看，美育仍是整个教育事业中的薄弱环节。

——国务院办公厅印发《关于全面加强和改进学校美育工作的意见》

美育的途径主要有：学校美育、家庭美育和社会美育。这三条途径并不是孤立存在的，通过密切配合，和谐发展，将使学生全方位、全过程地受益。

（一）学校美育

1. 美育是当前学校教育最薄弱的环节

2015 年 9 月，国务院办公厅发布《关于全面加强和改进学校美育工作的意见》（以下简称《意见》）。《意见》指出，近年来学校美育虽然取得了较大进展，对提高学生审美与人文素养、促进学生全面发展发挥了重要作用，但总体上看，美育仍是整个教育事业中的薄弱环节。主要表现在一些地方和学校对美育育人功能认识不到位，重应试轻素养、重少数轻全体、重比赛轻普及，应付、挤占、停上美育课的现象仍然存在；资源配置不达标，师资队伍仍然缺额较大，缺乏统筹整合的协同推进机制。

美育之所以成为薄弱环节，其中重要的原因，一是对美育育人功能认识不到位，实施力度不够，政策引领和督导不够；二是有浅表化、功利化的倾向；三是甚至有个别地方，用不健康的思想意识打着美育的大旗，在迷惑青少年。

　　我们对照着文件，环顾今天教育的现状，深深感到美育这个薄弱环节的确是个值得重视的问题。现在各个学校都把美育作为重要工作之一，表面看，学校领导、教师又都在进行各种美育的探索、尝试，那么，问题出在哪里呢？

　　我们借助以下三个事例来进行分析。

　　A校是西北省份的一所名校。走进校园，完全不见往昔印象中西北的风沙和黄土，满眼看到的都是绿色，加上精美的校园文化设计，每个人的感触都是一个字——美！应该说这是美育，环境育人中的美育。

　　但是，当我们走进教室时，与校园所见到的情况，形成巨大的反差：每个书桌上都放着一摞摞的教科书，桌旁还有一个装满各种练习册的塑料收纳箱；教室内的图书角也全都是辅导书；讲台上贴着一张课表，反复查看，竟然找不到一节音乐课；教室后墙赫然悬挂着中考搏击的标语……这哪里是教室，简直就是冲击中考、高考的战场。

　　像这样重应试轻素养，挤占、停上美育课的现象，在全国各地其他省份，甚至北上广等核心城市也时常看到。这里的学校，是不懂得美育是学校教育的重要组成部分吗？这里的校长，是不懂得艺术素养是学生综合素养的一部分吗？这里的家长是不懂得艺术对孩子未来成长的影响吗？其实，大家都懂得。然而为什么会出现这种情况？只能说是态度问题，是价值取向问题。

　　一个时期以来，社会普遍认可名校培养出来的学生，家长更是认为高考是成才的唯一路径，学校则凭借为了家长和学生的名义去追逐分数，因为名校、高考、分数是眼前即可获得的，而素养是无法短时间内显现出它应有的价值的。

　　应该说，应试教育的方向是和美育背道而驰。假如社会能够认可技能型人才和研究型人才同等重要，假如家长能够为孩子选择多种成才路径，假如学校能够抛弃教育评价中的功利元素，方向正确了，那么端正态度、树立正确的价值观，相应地把美育放到应有的重要地位，就将不再是一件难事。

　　B校是沿海教育先进省份的一所学校。这所学校的最大特点，是将现代化教育技术手段应用到每一节课。早在几年前，当我们还在使用电子白板技术时，这所学校已经普及iPad教学，师生人手一台平板电脑，课堂上随机、及时的师生互动和生生互动达到极致。老师们都在说"我们的双手和双脚都得到解放，课堂教育的可拓展性大大加强了"。当我羡慕和惊叹现代技术教育时，有一个现象使我脑海中出现了一个大大的问号：一节初中音乐欣赏课《金色的秋天》，教师先让学生听《在希望的田野上》《丰收锣鼓》《扬鞭催马运粮忙》等，接着围绕几个问题互动，如作词作曲、演唱者、使用的乐器等。这时候谁答得快，谁的人头标志就会立刻出现在屏幕上。这是音乐欣赏课吗？分明就是音乐常识竞赛。

哪里出问题了？是老师对美育的认识出问题了。美育的主要任务包括：一是培养和提高学生感受美的能力；二是培养和提高学生鉴赏美的能力；三是培养和提高学生表现美、创造美的能力；四是培养和提高学生追求人生趣味和理想境界的能力。

因此，这节音乐课，重要的任务应该是让学生感受到在金色秋天里，《在希望的田野上》唱出了中国大地上农民发自心底的丰收喜悦；《丰收锣鼓》用大锣鼓等打击乐器奏出了欢庆丰收的宏伟场面；《扬鞭催马运粮忙》这支笛子独奏曲，描写了丰收后的农民喜气洋洋交售公粮的情景。让学生在课堂上感受美、鉴赏美，陶冶情操，洗涤心灵。而教师把重点放在知识的抢答上，本来是好端端一节体现美育的音乐课，却变成了孤立传授知识、技能的竞赛。可见每一位教师对美育是否有正确认识，直接关系到美育在课堂上能否真正落地。

C校是北京市城区的一所普通中学。学校非常重视艺术教育，严格执行艺术课课程设置，必修课、选修课、330课程都开齐、开足。学校也有美术小组、管乐队、话剧社、合唱团等艺术社团和兴趣小组。学校在请专家、添置服装、乐器、材料用具，专业教室建设等方面没少投资。但是一直以来，上艺术课的学生，总是不在状态，参加社团和兴趣小组的学生很少，每到艺术节时，学校从上至下动员、要求，班主任要做很多工作，才能保证参赛人数。

校长经常诉苦说：现在的孩子怎么了？其实，不是孩子怎么了，而是我们的教育工作者怎么了，我们没有深入思考，好好想想解决问题的方法。问题出在这所普通学校的生源既有老北京胡同里的孩子，也有外地务工人员子女，大多数孩子在家庭教育中缺少艺术教育，家长从未带孩子看过话剧、听过音乐会、进过美术馆，更没有上过钢琴、舞蹈、美术、声乐、器乐辅导班。先天缺失艺术教育熏陶的孩子，怎么能马上要求他们走近艺术呢？

艺术需要情感体验，需要一种氛围，特别是对于这所学校的孩子来说，更需要先创设艺术环境，而不是急于组织参加艺术比赛。

创设环境要动动脑子，现在许多学校已经发挥了自己的创造性，因陋就简，因地制宜，建立了比较好的审美环境。

有一个学校有"楼梯合唱团"，他们就是在人来人往的楼道内排练节目，唱歌的孩子因有观众而激发了表演欲望；听歌的孩子因好奇而驻足。有的学校为某个学生举办个人画展，在校园内最醒目的位置为他做宣传，这个孩子未必画得很好，但他一定是爱好画画，个人画展可以放大他的艺术激情，放大的激情又可以感染很多孩子。还有的学校曾为一个有自闭症的学生举办钢琴演奏会，在渗透了学生情感的乐曲声中，参加的老师、学生和家长无不为之动容。还有很多学校积极推行楼道小乐队、课本剧展演、书法自习等，这些都是很好的艺术环境建设创意，有了好的方法才能有好的效果。

更多的学校，美育之所以成为薄弱环节，从根本上说，还是因为认识不到位，因此，变得"说起来极重要，做起来变次要，忙起来全忘掉"。怎样才能算是认识到位呢？

美育至少应该达到四个度：一是高度。不能简单地把美育理解为掌握审美能力。美育的最终目的是提高人生的精神境界。"由于美是使人成为主体，彻底摆脱动物界的最后环节，是人的主体性得到全面实现的标志，因此，美是人生价值的最高追求或最高境界。"美育必须回归人生本位，以审美的精神去建构人生、发展人生，实现"以美成人"的目标；美如果不能影响到人心，作用于人生的改良，便毫无美育的价值。①

二是深度。美育不能在审美阶段止步，而是深入到人生境界"以美成人"。美育必须影响到人心，促使人在灵魂的深处，树立起正确的人生观、价值观。美育的突出特点是直达心灵。单纯的智育只能获得知识；单纯的德育只能解决伦理规范的执行，唯有美育才能克服它们的局限性，走向内心的自觉，达到心灵的深处。

三是广度。不能片面地把美育局限在艺术课和参加艺术兴趣小组上。要把美育与所有的教育结合起来，要在所有课程中都渗透美育；大中小幼的美育要互相衔接；课内课外相互结合；学校、社会和家庭美育相互联系；普及教育和专业教育、个性需要互相促进。

四是浓度。美育不能是干巴巴的几条美学理论，也不是孤零零的几种表演技巧。美无处不在，世界之美，社会之美，人生之美，生活之美，都应该是美育的内容。美育既涉及人类发展的远景，又关系点滴的日常生活；既展望人生的规划，又关注脚下的步伐。美出现在家庭、学校和社会；美与认识、情感、意志处处相融。美育总是在和德育、智育、体育完美的结合中发挥作用。

如上所述，把美育融入学校教育全过程，关键要把握美育的精神实质，认识到位。美育是综合的育人活动，是要提升人的整体素质，必须德、智、体、美相结合。而若要实施真正的美育，在当前，最重要的就是必须从应试教育的束缚中解脱出来，坚决地向素质教育转变。没有这个决心与行动，其他都会成为空话。

2. 美育怎样进课堂

课堂是学校美育的主渠道，在许多教师的成功经验中，或多或少都包含着美育的内容，只不过一些教师缺少明确的目的和精心的设计。现在需要的是，更加增强美育的自觉性，有意识地将美育有机地融入课堂教学，提高学生审美、立美的能力。

一个美育进课堂的案例

北京市级骨干教师、首师大附小的郭丽萍老师带领学生游园写诗，利用学校所在地域文化条件，将美育融进语文教学，是一次有价值的尝试。

---

① 马建辉：《倡导"为人生"的美育》，《中国教育报》2015年5月6日。

第一步：学习游花园课程

在游花园课程中，我们认识、欣赏大自然元素的独特性；了解园林元素，懂得元素需要互相合作，才能成就美好风景；学习园林设计技法——弯弯曲曲、变大变小、遮遮掩掩等。

园林的主角是自然，营建园林，是为了亲近自然，更好地欣赏自然。学生充分利用五官感受，发挥他们的想象力，构建自己内心的园林。园林元素"石、树、水"如同文字，编排方式的不同，可以记录下不同的主题，创造很多可能性。园林建设可以把对家庭的美好愿望放进花园，成为心愿与祝福。

3月28日，"游花园"课程第四单元《乾隆花园的秘密》开课了，学生分享乾隆皇帝邀请卡上的文字密码"八面威风、家宅安宁、古今朋友、春花秋月"。在老师的引导下，学生们了解园林也是一种留住记忆的方法，并走进了乾隆花园，探寻密码隐藏的含义。

第一个要解开的密码是"春花秋月"，在老师的细致讲解下，学生们深入地了解了在乾隆花园中"春花秋月"的含义，并利用自然元素教具拼摆了一个园林，孩子们在愉快的活动中感受到了乾隆皇帝对于自然的珍惜和尊重。

接下来，在老师的引导下解开了第二个密码"古今朋友"。乾隆皇帝的朋友都有谁呢？它们就是岁寒三友"松、竹、梅"。乾隆皇帝欣赏它们高尚的品德，于是建造了三友轩，让这些朋友常伴左右。除此之外，乾隆皇帝还有一位古代朋友，那就是王羲之，为此他还设计了"曲水流觞"这个游戏来纪念他，向他学习锲而不舍的精神。解开了两个密码，对于乾隆花园就了解了一半，剩下的两个秘密将会在下节课揭秘。

课上到这里，孩子们恋恋不舍，不愿意离开，很想继续了解，足以看出孩子们对课程的喜爱。

室内课程结束后，我们将走进颐和园的谐趣园，这是乾隆皇帝送给妈妈的生日礼物，这里面藏有美好的愿望和对母亲的祝福。下次就是室外课，走进颐和园感受园林的美好。

第二步：游花园，学生创作诗歌

2016年4月15日，首师附小通汇校区四年级（1）班的41位学生与4位老师在完成"游花园"六个单元的学习后，一起走进了颐和园的谐趣园，那里藏着乾隆皇帝的哪些小秘密呢？孩子们带着"考察单"，走进了这个承载着历史印记的花园——谐趣园。

沿着山路走下来，就到了有颐和园"园中之园"之称的"谐趣园"。"一亭一径，足谐奇趣"就是这儿的来历。其实它是仿照苏州无锡的"寄畅园"而建造的，里面每一处景观，都体现了园林的设计美感。

孩子们拿着手中的作业纸和地图，认真学习，认真考察。哪里饮水当明镜？哪里景观最丰富？哪里可知鱼快乐？孩子们边学边记录。

"知鱼桥"是值得孩子们认真学习的，它是由于建园的需要而建造的一座小石桥。战国时，庄子和惠施关于鱼的论战，也被搬到了这里，而且这里还真养了鱼！其实，那只不过是一个哲学命题，是形而上的一种精神领域的答辩！只有像乾隆这样的人才会真的建一座桥来昭示他的功绩。快看，我们的孩子也纷纷作诗，写出了他们心中的美好。

谐趣园虽不大，但极其精巧。沿着弯弯的荷池四周，建有楼、亭、斋、台、堂、轩、榭十多处，与水池、山石、桥洞、林木交相辉映。漫步于谐趣园，感觉变幻无穷，移步换景，举目成画，处处蕴含江南秀色、诗情画意。

伴随着实践学习的结束，同时也结束了一学年的游花园课程。学生们在快乐中了解历史，感受文化，也在实践中学习知识，感受快乐。

对案例的分析

我认为，郭老师将美育融进语文教学的探索，非常有价值。虽然爱美之心人皆有之，但是我们不能满足于这种自发的、朴素的对美的追求，需要通过课堂教学等多种途径，提升每一位学生的审美、立美能力与境界。

这个案例从四方面进行了有意义的探索：

第一，打开心扉觉察美。

美育的独特之处是具有令人解放的性质。世界不缺少美，而是缺少发现。为什么缺少发现？因为学生虽然天真可爱，但是现在难免被繁重的作业压得头脑空虚，甚至有点麻木，对美也会视而不见，听而不闻。

所以，进行美育，首先要打开学生的心扉，让他们有可能觉察到美。

郭老师采用了符合这个年龄特点的方法，有效地打开了孩子们的心扉。郭老师引导学生在《乾隆花园的秘密》这一课里，通过学生发现乾隆皇帝邀请卡上的文字密码"八面威风、家宅安宁、古今朋友、春花秋月"，从解密入手，引起学生的极大兴趣，于是打破常规，解放了思想，大胆地开始了探索。

第二，通过体验感知美。

接着，郭老师和学生一起走进了颐和园的谐趣园。这时候，孩子们带着"考察单"，走进了这个承载着历史印记的花园——谐趣园，亲自以主人翁身份，去接触和发现那里藏着的乾隆皇帝的小秘密。

教学实践证明，不同的学生，他们的感知角度也是不一样的。一位同学他感知到谐趣园的奇妙之美，另一位同学则感知到动态之美，还有一位同学是看到小花的平凡之美。

谐趣真奇妙

唐楚沣

谐趣园，真奇妙。

引镜湖，

似镜子，

湖面映柳像弯腰。

饮绿亭，

一青螺，

花繁叶茂很幽静。

知鱼桥，

离水近，

学会鱼儿读心术。

湛清轩，

适读书，

有山也有好环境。

啊，啊，

奇妙的花园乾隆造。

世界在动

李江浩

引镜里，

似明镜，

天空是绿的，

世界，

是倒着的。

一条条小鱼，

在天上游。

一只只天鹅，

在天上漫步。

咦？

世界怎么在动？

小花儿

王紫麒

有一朵小花，

它没有朋友，

也没有一个人去赞美它。

有一天，

它努力地探出头来，

仰望天空。

哦，

太阳光芒四射，

一直在夸它。

第三，用创造来表达美。

一旦学生的心扉被打开，他们的想象力和创造性就会不可遏止地迸发出来，这是美育的关键一步。在下面这首诗里，这位同学竟然超出庄子和惠子的争论，提出了自己的独到见解。

我知道鱼的快乐

赵紫珊

"你又不是鱼，怎知鱼的快乐？"

当年，庄子和惠子在桥上吵吵闹闹

桥想

我虽然不是鱼

但我知道鱼的快乐

建立的很低

就是为了让鱼儿来到我身边

它们尽兴地游弋

不仅是我

就连那来考察的小学生

也看到了，想到了他们的快乐

建立的很长，很结实

就是为了让好多好多人站在上面

用好吃的喂鱼儿

把肚子满足地填饱

在水中打个幸福的饱嗝儿

使水面浮出一串串美丽的水泡

最让我遗憾的

是没有参加辩论

不然的话

胜者一定是我——知鱼桥

第四，融入情感提升美。

游园之后，孩子们进行诗歌创作，有的创作是诗画合一，这足以反映出学生通过审美，融入自己的感情，表达了自己的个性见解，提升了审美、立美的层次。

对不起

刘子涵

对不起，

很抱歉。

我打扰到

您休息了，

我不该把腰

弯得那样低。

还不停地摇来摆去。

知鱼桥

王浚伊

我，

静静的，

静静的，

架在湖面上。

刮风了，

下雨了，

鱼儿们，不要怕，

快快来到，

我身下。

树与亭

王骏骁

一棵桃树被种进了颐和园，

经历了春开，夏放，秋收，冬眠，

它不断努力为的是——

开放。

一座亭子被种进了颐和园，

和树一起生活，

那座亭子被称为"兰亭"。

"兰亭"非常骄傲且不喜欢树。

兰亭常常说：

"我以后会是人人熟知，

小桃树，你就不会！"

每当这时，树就在开放。

几百年后，

兰亭果然是众目熟知的亭子，

可不知为什么，

大家更喜欢和这棵桃树合影。

在这首诗里，小作者态度鲜明地歌颂了不断发展、竞相开放的桃树，讥讽了自以为是的"兰亭"，意境颇为深远。

从学生的诗歌创作中，我们可以看出这个单元的教学，使学生的审美、立美能力得到了提高，由此看来，美育自觉进课堂，在当前的确是应该大力提倡的。

3. 课堂教学是美育的主渠道——历史、物理等学科中的美

最近我参加了一所学校的教育教学工作论坛，发现美育分会场最为冷清，只有几位美术和音乐老师孤零零地坐在那里，好像大部分任课教师都觉得美育与我无关。难道美育仅仅是艺术学科的分内工作吗？

现代教育认为美育能促进学生各方面素质的全面发展，艺术学科确实在美育中占有重要地位，但美育所追求的不仅是提高学生对艺术的审美鉴赏等能力，还肩负着塑造全面发展完美人格的使命。

美的根源在于人的社会实践，人的实践活动只有在符合客观规律的基础上，才能实现人的目的，而各个学科就是来源于社会实践，目的在于发现、认识各自领域的客观规律。所以各个学科都是在不同的领域、利用不同的媒介提升学生的审美感受力和创造力。艺术美和科学美只是不同的方式、方法而已。

《意见》指出："挖掘不同学科所蕴含的丰富美育资源，充分发挥语文、历史等人文学科的美育功能，深入挖掘数学、物理等自然学科中的美育价值。"

如何在各学科渗透美育呢？下面就以历史和物理为例来说明，因为这两个学科分属人文科学和自然科学，具有一定的代表性。

德国物理学家海森堡曾指出："科学的探索者们最初往往是在美的光辉照耀下，去认识和发现真理。"物理学独特的美，包括和谐美、对称美、简单美、新奇美等。

比如对称美，源自客观物质世界本身所具有的对称性，如物理学中的运动与静止、变力与恒力、反射与折射等。揭示自然界对称性的奥秘是物理学的强大动力。如在讲电磁效应时，教师可以引法拉第的事例。法拉第从物质的对称性特点出发，认为既然电能生磁，那么磁也一定能生电，这样才能显示出自然界的"对称美"。为此，他坚持不懈地探索了10年，终于用实验证实了电与磁之间存在"对称美"的设想。

张明慧老师在《高中物理美育的实施》一文中，提到计算杂技演员抛球，每只球在手中停留时间的案例时，指出"杂技演员利用小球在空中运动的时间对称性来进行表演，同学们会认识到杂技演员是利用了物理学中的对称美，才展现出优雅的杂技表演，这时候物理的美也可以展现出来；同时也看到时间对称性在生

活中的应用，使抽象的美形象地表现出来"。

在物理学科内容之外，还有一个实施美育的领域，就是展现物理学家的人格美。牛顿在力学、光学领域的伟大贡献和他的勤奋、好学分不开。牛顿"把怀表当作鸡蛋去煮"的故事，成为赞扬他专心致志地钻研精神的美谈；"站在巨人的肩膀上"的名言，也展示了他虚心好学的胸怀。爱迪生一生有多达1628项发明，其中电灯丝的试验竟然进行了1600次，这展示了他惊人的毅力。物理课讲述牛顿、爱迪生等科学家坚持不懈、敢于创新以及严谨的科学精神，就是以人格之美感染学生、陶冶学生。

再谈谈历史学科。人类历史既是人类征服自然、文明演进的历程，也是人类在向往美、追求美、创造美、享受美的交替中不断进步的过程，人类正是在对美的追寻中，不断进化发展的。

历史学科的社会美，首先体现在激发学生爱国主义的情怀上。中国古代灿烂的文明，激发学生对祖国历史和文化的自豪感；近代中国的沉沦和无数仁人志士的前赴后继，使学生在心灵的震撼中，逐渐树立起对民族、国家的历史责任感和历史使命感。

其次，历史学科要挖掘道德教育的内容，让学生受到优秀品德的熏陶。比如讲解孟子思想，不仅要讲仁政等政治观点，还应介绍孟子是把人格独立与尊严放在第一位，强调人们应具有"富贵不能淫，贫贱不能移，威武不能屈"的人格精神，这对塑造中华民族坚贞不屈的民族心理性格产生了积极影响。

学习欧洲近代启蒙运动，要突出启蒙思想家尊重科学，敬畏真理，不迷信传统的偶像和教条，不唯权威。正是这种理性精神，推动了彻底的思想解放，为人类社会创造了宝贵的精神财富。

再次，古今中外有许多杰出的历史人物，他们所表现出的高尚品德，可以起到历史的典范作用。比如中国近代史上，一身正气主持虎门销烟的林则徐，甘愿以鲜血和生命唤醒民众的谭嗣同……这些人无一不是以他们异于常人的高尚行为感动着后人、激励着后人。所以教师应该选取典型人物，适当地展开细节描述，展现历史上英雄人物的人格美，它对学生养性育德有着潜移默化的力量。

艺术学科之外的各种学科渗透美育，需要三个重要前提：

首先是正确的教育观。高中教学受高考影响巨大，如果还是单纯的应试教育，那么美育几乎没有空间。从内容上看，应试教育是重在知识体系，只突出了部分科学之真，无从体现科学之美。从教学方法上看，应试教育更多地采用教师灌输、学生练题的方法，学生很少有自主探究的空间，而美，恰恰是需要学生自己去体验和感受，而非教师的强加。

其次，教学中要努力培养学生正确的审美观念和价值观。审美观念是从审美角度对客观事物的一种评价。审美观有正误、健康和病态之别，这一点对历史学科非常重要。历史长河中，美丑善恶并存，同一事件从不同的立场、视角来判断，就能得出不同的认识。因此，帮助学生树立正确的审美观念和价值观，是历史教学中美育的首要任务。

我曾听到两位老师讲孙中山，A老师把孙中山每次失败的经过都进行了生动、细致的描述，学生这时发出了嘲笑之声，因为学生的感受就是孙中山是一个屡战屡败的人。B老师则结合近代国情，讲解了孙中山面临的巨大阻力，介绍了孙中山百折不挠，为民主革命奋斗终生，临终仍念念不忘"革命尚未成功，同志仍须努力"的爱国情怀。在该课最后讨论阶段，多位学生都谈到了对孙中山奋斗不止、与时俱进精神的钦佩。

特级教师陈隆涛老师曾多次说过，要慎用角色扮演、情境设想的教学方法，比如有的教师安排学生虚拟设想，"你要是袁世凯该怎么做？你要是希特勒下一步会怎么做？"这些做法虽然有利于调动学生学习的积极性，活跃课堂气氛，但不利于对学生正向的思想教育。

再次，教师要具备较高的审美修养。要善于发掘教学内容中隐含的美的因素，要求教师对课程内容中所蕴含的审美精神，有着深刻的领悟，要从审美的角度，而不仅仅是从科学知识体系的角度来思考科学、讲授科学。教师还要善于把自己对科学审美的信念传达给学生，进而设置美的情境，带领学生在科学的海洋中畅游。

最后，我们来看看奥地利物理学家路德维希·玻尔兹曼的事例，他把艰涩难懂的科学理论当作一曲波澜壮阔的交响乐来欣赏，玻尔兹曼曾这样评价麦克斯韦的气体动力学理论：

　　既然一个音乐家能从头几个音节辨认出他的莫扎特、贝多芬和舒伯特，那么一个数学家也能从头几页文章中辨认出他的柯西、高斯、雅可比。法国人以他们极端的优雅风度来表现自己，而英国人特别是麦克斯韦，是以他们引人注目的判断力来表现自己。譬如说，有谁不知麦克斯韦在气体动力学理论方面的论文呢?……速度的变量一开始就被严格地展开，后来，从一边杀出了状态方程；另一边又杀出了在中心场的运动方程。公式的混乱有增无减。突然，我们听到，就像从铜鼓发出的四个音节"令 $N = 5$"。那不祥的魔鬼 v（两个分子间的相对速度）隐去了；同时，就像在音乐中那样，低音中的一个，原先还是主要的修饰音突然沉寂了，看来是不可克服的那些东西都被排除了，好像有一根魔杖一挥。……一个一个结果接踵而至，直到最后，意外的高潮——热平衡条件和输运系数的解同时被得到，帷幕就降下了!

　　既然这种艰涩难懂的气体动力学理论，都能够被玻尔兹曼当作一曲波澜壮阔的交响乐来欣赏，那么，在其他学科的教学中，难道我们不能同样挖掘出更多的美的因素吗?

　　最近，翻阅美育历史资料时，看到教育家蔡元培对各科教学中美育内容有着十分详尽的思考和叙述，看起来令人感动!

　　……美育的范围，并不限于这几个科目；凡是学校的课程，就没有与美育无关的。例如数学，仿佛是枯燥不过的了，但是美术上的比例、节奏，全是数的关系，黄金分割是最明显的例子。

　　数学的游戏，可以引起滑稽的美感。

　　理化学似乎机械性了；但是声学与音乐，光学与色彩，密切得很。美学中有"感情移入"论，把美术品形式都用力来说明它。

　　文学、音乐、图画，都有冷热的异感，可以从热学上引起联想。磁电的吸斥，就是人的爱憎。有许多美术工艺，是用电力制成的。化学实验中常见的美丽光焰，原子电子的排列法，可以助图案的变化。图画所用的颜料，有许多是化学品。星月的光辉，在天文学上不过是映照距离的关系，但在文学、图画上便有超强的魔力。

矿物的结晶、闪光与显色，在科学上不过自然的结果，在装饰品上便做重要的材料。

植物的花叶，在科学上不过生殖与呼吸器官，或供分类的便利，动物的毛羽与声音，在科学上作为保护生命的作用，或雌雄淘汰的结果，在美术、文学上都为美观的材料。

地理学上云霞风雪的变态，山岳河海的名胜，文学家、美学家的遗迹，历史上文学、美术的进化，文学家、美术家的逸事，也都是美育的资料。

由普通教育转到专门教育，由此关乎美育的学科，都成为单纯的进行了。爱音乐的进音乐学校，爱建筑、雕刻、图画的进美术学校，爱演剧的进了戏剧学校，爱文学的进了大学文科，爱别种科学的人就进了别的专科了。

但是每一个学校的建筑室、陈列品，都要合乎美育的条件。可以时时举行辩论会、音乐会、成绩展览会、各种纪念会等，都可以利用它来进行普及的美育。①

4. 学校美育课程建设要以艺术课程为主体

《意见》指出："科学定位美育课程目标。学校美育课程建设要以艺术课程为主体，各学科相互渗透融合，重视美育基础知识学习，增强课程综合性，加强实践活动环节。要以审美和人文素养培养为核心，以创新能力培育为重点，科学定位各级各类学校美育课程目标。"

《意见》还指出："开设丰富优质的美育课程。学校美育课程主要包括音乐、美术、舞蹈、戏剧、戏曲、影视等。"

音乐应该美化人的全部精神生活。

音乐和舞蹈都属于表演艺术教育。音乐在学校里不应该仅仅是一门教学科目，它还是一种有力的教育手段，音乐应该从情感上和审美上美化人的全部精神生活。"教育的主要目的不是培养音乐家，而是培养人。人借助音乐不仅可以认识周围世界的美，而且也可以认识自身的崇高、壮丽和美好。音乐是自我教育的有力手段。"②

苏霍姆林斯基对音乐教育有许多重要的见解。他指出："音乐、旋律、乐音

---

① 蔡元培：《蔡元培教育论著选》，人民教育出版社，2011。
② 苏霍姆林斯基：《育人三部曲》，人民教育出版社，1998，第66页。

之美是人的德育和智育的重要手段，是心灵高尚和精神纯洁的源泉。音乐能使人看到大自然的美、道德关系的美、劳动的美。"①

"对音乐不理解，不能感受音乐，对于听音乐并因此而获得享受没有强烈的精神需求，就不可能认识情感的世界。没有音乐，就很难使一个正在步入世界的人，相信人是美好的，这种信念就其本质而言，是情感修养、审美修养和道德修养的基础。"②

苏霍姆林斯基认为："音乐—想象—幻想—童话—创作，孩子就是按照这样一条途径发展他的精神力量的。""音乐旋律能唤起孩子一些鲜明的表象。它是培养理智创造力的无与伦比的手段。……音乐甚至把最消极的孩子的思维能力也激发起来了。似乎音乐给思维物质的细胞注入了一种能产生奇效的力量。我认为音乐影响下的这种智力高涨，就是思维的情感源泉。"③

的确，我们能够看到音乐是通向孩子们心灵的一条途径。我们发展孩子对音乐的敏感性，也就是在提高他的思想和志向。不论是生动活泼的本族语言还是乐曲，都在向儿童揭示周围世界的美。

乐曲，这个人类感情的语言，它传达给孩子心灵的不只是世间的美，它还向人们展现人的伟大和尊严。孩子在欣赏音乐的时候，会感到他自己是一个真正的人。孩子的心灵，那是敏感的音乐家的心灵。心灵中紧绷着心弦，您若能触动它们，就会奏出很有魅力的音乐。可以说，童年不能没有游戏和童话，同样也不能没有音乐。

从倾听大自然的音乐开始。

大自然的音乐不管有多么美，严格地说，这还不是音乐，这只是字母，不过人学会了这些字母，就可以去阅读用情感语言写成的书。

"多年的经验证实，人只有在孩提岁月才既能学会语言，又能掌握初步的音乐素养，也就是掌握感知、理解、感受、体验旋律美的能力。凡在童年错过的，很难在成年岁月中去弥补。儿童的心灵对本族语言、对大自然的美和对音乐旋律，其敏感程度是相同的。如果在很早的童年，能使他从内心感受到音乐作品的

---

① 苏霍姆林斯基：《育人三部曲》，人民教育出版社，1998，第66页。

② 苏霍姆林斯基：《育人三部曲》，人民教育出版社，1998，第618页。

③ 苏霍姆林斯基：《育人三部曲》，人民教育出版社，1998，第70页。

美，如果孩子能从乐声中领略到人在情感上的多种多样的细微变化，他就会提高到用任何其他手段，都不可能达到的文化修养水平。对音乐旋律美的感受，会向孩子揭示他自身的美——小孩子会意识到自己的长处。"①

"孩子们聆听大自然的音乐，也就从感情上为合唱做好了准备。我们要极力使孩子们能在大自然中，辨认出与我们将要学习的歌曲相协调的音乐来。"②

苏霍姆林斯基还特别强调，让孩子们自发地去随意听音乐、看电影并不好："对同一批学生，从幼年到成熟期的多年观察，使我确信，电影、广播、电视对儿童的那种自发的、无组织的影响，不利甚至有害于正常的审美教育。大量自发性的音乐印象则尤其有害。我认为教育儿童的重要任务之一是，要使音乐作品的感知同那种能够使人借以理解和感受到音乐美的背景的感知交替进行，也就是同感知田野和草原的寂静、树林的飒飒声响、晴空云雀的鸣唱、成熟麦穗的窃窃私语、蜜蜂和熊蜂的嗡嗡等等，交替进行。这一切也就是大自然的音乐，就是人在创作音乐旋律时从中摄取灵感的那个源泉。"③

音乐与语言的关系十分密切。

音乐，这是情感的语言。旋律能够表达语言所表达不了的，是人的感受最细腻的色彩。音乐始于语言的终结处。如果我们的教师仅仅局限于用语言去深入到年轻的心灵的最隐秘的角落，如果在使用语言之后不使用音乐（这是渗透到心灵中去的最细致入微的、最深刻的手段），那么教育就不可能是完美的。

音乐——这是强大的思想源泉。没有音乐教育就不可能使儿童得到长足的智力发展。音乐的最初本源不仅仅是周围世界，还有人本身，他的精神世界、思想和言语。音乐形象按新的方式，向人们揭示现实事物和现象的特点。孩子像是把注意力集中在了音乐——从另一种角度展现在他面前的那些事物和现象上，于是他的思想便描绘出一幅鲜明的图画：这幅图画又要求用语言来描述。孩子从世间为新的想象和思考摄取素材，并进一步用语言进行创作。

音乐与抒情诗有着紧密的联系，似乎是人的精神发展中的下一个阶段。音乐把人的道德的、情感的和审美的修养连接在一起。

---

① 苏霍姆林斯基:《育人三部曲》,人民教育出版社,1998,第67页。
② 苏霍姆林斯基:《育人三部曲》,人民教育出版社,1998,第201页。
③ 苏霍姆林斯基:《育人三部曲》,人民教育出版社,1998,第66页。

"对音乐的诠释应具有某种诗情画意的特点，要使语言接近于音乐。我努力在我的学生的情感记忆中找到它：我借助语言建立起一种情景，这种情景能激发对往事的回忆，还能激发出感受和来自情感记忆深处的语言，这种语言能调整心弦去感知音乐。"①

用情感语言阅读的最初的篇章，也是最鲜亮的篇章，就是民歌。"民族的歌曲向孩子们指出，民族语言是人类珍贵的精神财富。通过歌曲，孩子们领略到语言音韵的细微之处。"②

音乐教育如何进行？

富有艺术性的讲解

苏霍姆林斯基主张：对音乐作品，特别是对孩子们不熟悉的作品的讲解，要求极有分寸和具有高度的教育素养。任何时候都不能忘记，音乐语言是感情的语言；即使一支民歌，虽然歌词朴实，有时甚至很简单，但是只因为配上了音乐旋律，欣赏起来就成为艺术品了。为了解释音乐作品中艺术形象的本质，教师必须了解作曲家塑造形象的手法和特点。讲解应当是孩子从教师口中听到的一篇具有特色的、有头有尾的和富有艺术性的故事。这篇故事本身就应该能激发感情，引起感触，并在学生想象中描绘出一幅幅栩栩如生的图景。

激发孩子的想象

"我深信，音乐的美是思维的丰富源泉。在音乐旋律的影响下产生在儿童想象中的鲜明形象能活跃思维，如同把思维中无数的溪流汇集成一条河道。孩子们极力要把他们想象出的和感受到的都用语言描述出来。对于智力发展迟缓的孩子来说，听音乐确实是思维的丰富源泉。我尽量做到让孩子在听完音乐作品之后，能无拘无束地谈一谈自己的印象。"③

选择音乐作品

苏霍姆林斯基说："我要对少年的老师们提出一个建议：少举行一些关于爱情的座谈、讲座、辩论和问答晚会，让少年静静地、默不作声地倾听关于爱情的音乐。我努力使少年的心灵能够理解人类情感中最细腻的一些色彩

---

① 苏霍姆林斯基：《育人三部曲》，人民教育出版社，1998，第203页。
② 苏霍姆林斯基：《育人三部曲》，人民教育出版社，1998，第203页。
③ 苏霍姆林斯基：《育人三部曲》，人民教育出版社，1998，第206页。

——爱情。"①

我们逐渐辑成了孩子们喜爱的音乐作品集。我们常常来活动室欣赏音乐。我把作品集叫作"音乐宝盒"，孩子们也喜欢这样叫。他们自豪地说："我们有个音乐宝盒。"于是产生了一个想法：我们年年把音乐文化宝库中最优秀的作品搜集起来建立一个"音乐室"，我们就在里面欣赏大自然和人所创造的美。我们将唱歌、学习演奏小提琴和钢琴，不过这是将来的事，暂时我们先学着吹奏我们简单的芦笛。②

音乐与品德联系起来

通过音乐还能够密切师生关系。经验证明，音乐——这是教育者与儿童产生精神上的一致性的最好基础。音乐似乎能开启人的心灵。教师和学生通过听乐曲，感受和赞赏它的美，就会变得亲近起来。在那只有音乐才能唤起的共同感受出现的时刻，教师才可以在孩子身上看到，在没有音乐的情况下永远不会见到的东西。在乐声的影响下，当心灵陶醉于崇高的感受中时，孩子会把他的激动和不安都信赖地告诉您。③

人具有这样一种品质——细腻和富有感情的天性。这种天性表现在环境能使他的感受能力更加敏锐。天性细腻和富有感情的人不会忘记别人的悲伤、痛苦和不幸；良知要求他去给予援助。音乐和歌曲能培育这种品质。

有一位老师曾经说："没有感动，就没有教育"，而音乐就是感动人的一股力量。

感情丰富是受过德育和美育的人所特具的品性，这一品性表现在他的心灵易于领会善意的话语、教导、忠告和赠言。如果您想使语言能够教人生活，想使您的学生渴求善良，那您就要把幼小的心灵培育得细腻和富有感情的敏感性。在众多的作用于幼小心灵的手段中，音乐当居重要的地位。音乐与品德——这是一个尚待深入研究和探讨的课题。④

绘画雕塑等造型艺术中的美育。

在学校进行美育，必须重视艺术教育，因为艺术教育是美育中最主要的内容

---

① 苏霍姆林斯基：《育人三部曲》，人民教育出版社，1998，第622页。
② 苏霍姆林斯基：《育人三部曲》，人民教育出版社，1998，第74页。
③ 苏霍姆林斯基：《育人三部曲》，人民教育出版社，1998，第77页。
④ 苏霍姆林斯基：《育人三部曲》，人民教育出版社，1998，第203页。

和手段。艺术教育包括语言艺术教育、造型艺术教育、表演艺术教育和综合艺术教育。

绘画、雕塑、艺术摄影等都是属于造型艺术。

应该说，确立人自身的美是学习造型艺术的根本目的，而美的源泉是来自外部世界。苏霍姆林斯基指出："美育最重要的任务是教会孩子能从周围世界（大自然、艺术、人们的关系）的美中看到精神的高尚、善良、真挚，并以此为基础确立自身的美。你一旦能面对美发出惊叹，你心灵里也会有美开放。"①

所以，我们教师与孩子们一起欣赏绘画与听音乐是一样的，也是施加情感—审美影响的一种复杂的方法。但是，由于童年时期思维的具体性、形象性，我们向学生揭示出造型艺术的概括的内容就会有一定的困难。所以我们还需要采取一些具体措施加以训练。

直接观察大自然。

理解绘画作品最初的训练，应该是直接观察大自然。为了让每一个学生能看懂，并能体验和爱上绘画作品，就必须让他们在自然界经历长期的情感教育。在童年时代每个人就应该学习去发现大自然的美，通过这个过程，会使得儿童的精神生活与大自然之间，似乎被一条条智力的、情感的、审美的、创造的纽带联系在一起。

苏霍姆林斯基回忆道："我努力使我们去大自然的每次旅行，使每次与周围世界的美的会面，都能在儿童和少年的心灵中留下点滴欢快。这是使对艺术作品的重复观赏成为情感发展的一个新阶段的重要条件。"②

"……这个男孩子就能从傍晚的昏暗所笼罩的树丛中看出一头暴怒的公牛来。这不单纯是小孩的幻想游戏，它同时也是思维的艺术因素，诗的因素。同是这些树丛，另一个孩子则从中看到另一种东西，属于他自己的东西——他在形象中加进了他个人感知、想象和思维的特点。每个孩子不光在感知，而且也在描绘，在制造，在创作。儿童对世界的视觉，是一种特殊的艺术创作。被孩子感知同时也是被创造的形象，都带有明显的情感色彩。儿童在感知周围世界的形象并

① 苏霍姆林斯基：《帕夫雷什中学》，教育科学出版社，2001，第435页。
② 苏霍姆林斯基：《育人三部曲》，人民教育出版社，1998，第47页。

通过幻想往里添加什么东西的时候，他们也在体验极大的快乐。"[1]

　　我们的许多教师也有同样的体会：有一位老师，他多次带领学生到植物园去活动，有时候是在远处，专门欣赏开阔的茂密树林，有时候是在近处，聚精会神地欣赏花蕊和叶脉。这样做的结果是：即使是一棵普普通通的树，学生们也会发现，在任何一个季节、任何一个时间、任何一种天气的情况下，都能看见这棵树的最富于细微差别的美。

　　通过这种训练，学生们的审美能力提高了。他们开始发现，每天匆匆路过的道路两旁的树木，原来都是那么美；在家里，平时司空见惯的盆花，竟然也是那么鲜艳夺目。于是，学生们个个都好像长出了一双会发现的眼睛，每天都会兴高采烈地向老师汇报他们对美的新发现。

观赏绘画等艺术品。

在观察大自然的基础上，学生们对大自然产生了感情，有了一定的审美能力，就会带着欣赏大自然美的记忆，再去观赏绘画等艺术品。组织学生观赏绘画，就是为了让他们加深对事物的认识，尤其重要的是，在这个过程中加深对情感世界的体验和认识。

学生的每一次观赏，都能从中看到某种新的东西。对绘画作品的反复观赏，能丰富和发展情感记忆，培养对美的感知的敏锐性。正是由于反复地感知，造型艺术才逐步地进入了学生们的精神生活中。

怎样通过这样的艺术作品去揭示真正的人类的美？这种美怎样能使人的情感得到升华？

苏霍姆林斯基的做法是："我把反映人——崇高理想的斗士的道德美、道德功勋的绘画作品，放在第一位。"[2]

肖像画是对学生进行智力教育、情感教育和审美教育的一种特别有力的手段。在我们的教育工作体系中，占有重要地位的一项工作是培养学生去感觉人的能力，这种能力就是用自己的心去感觉他人心灵最细微的运动，善于从他人的眼

---

① 苏霍姆林斯基：《育人三部曲》，人民教育出版社，1998，第47页。
② 苏霍姆林斯基：《育人三部曲》，人民教育出版社，1998，第625页。

睛中看到他的痛苦、委屈、忧患、不安、孤独。而最主要的是，必须善于从自己的亲人的眼睛中看到和感觉到，他需要别人的同情和帮助。教育工作中的最细微的，也是最困难的问题之一，我认为就是培养学生在情感上对他人的思想和情感非常敏感并富有同情心。而眼睛就是思想和情感的镜子。眼睛是反映思想、情感和体验的最复杂的内心世界的窗口。

欣赏绘画与教师的语言。

在赏析达·芬奇等人的名画时，教师必须善于把感知的审美修养与语言联系起来。教师的每一句话应成为一种情感—审美的刺激因素，能激发出富有诗意的思维。只有有了富有诗意的思维，才能对人产生深刻的审美感。

看齐白石画鸳鸯与荷叶

1951年我在北京师大附中读初一，由于我酷爱画画，就报名参加了邓海帆老师组织的美术小组，成为一名积极分子。一天，我们八名中小学生——热爱美术的积极分子，由中国少年报社的编辑带领，去拜访著名画家齐白石。

齐白石的住宅是一个典型的北京四合院。最引人注意的是，不大的院子里满是水缸、花盆，房檐上挂着大大小小的鸟笼，墙角摆满了虫罐，不时传来鸟叫虫鸣声。齐白石的弟子告诉我们：齐白石在这里植树栽花，饲鸟养鱼，是为了近距离仔细观察它们，更好地创作。

没有多说什么，齐白石老爷爷就着意要教我们画画。只见他拿起一根像小笤帚似的大笔，蘸饱了墨汁，刷！刷！刷！大笔迅速地在画纸上走过。那个动作，在那一刹那，一个93岁的老人利索得像个小伙子了。当时，我们都看傻了。没想到，画画竟像练武术，有这么大的气魄！随着画笔的一起一伏，落在纸上一大片有浓有淡的墨迹，我们一时看不出是什么。过了一会儿，齐白石老爷爷轻轻地加了几笔之后，立刻，几片硕大、多汁的荷叶显现出来了。由于我小时候生活在四川农村，住在荷塘边，因此对荷叶十分熟悉，觉得齐白石画的荷叶，美在富有生命力。

接着齐白石老爷爷又教我们画鸳鸯，在画鸳鸯眼睛的时候，他停下来，歪过脑袋看着我们，特意告诉我们："画眼睛的时候，注意！不要画得溜圆，像庙里的菩萨眼睛那样。要画得有点扁，才有神呢！"我看他画鸳鸯眼珠的时候，的确顿了一下笔，是一个不规则的圆，但画出的眼睛却活了起来。齐白石老爷爷的那几句话，至今还深深地留在我记忆中。

从绘画回到大自然、回到生活。

如果学生把在画中所看到的秋天景色，能够与此时此刻大自然中的景色进行对比，这就是打开了情感记忆之门。这时候学生往往会萌生出一种热切的愿望，想再看一看金色的秋天，当然不是在画中，而是在生动的大自然中。可是现在已经不是秋天，怎么办？于是，这时候对艺术作品的兴趣就提高了。

苏霍姆林斯基主张：让每一个学生能够在大自然中发现并且爱上一个属于自己的、独特的、唯一的角落——美丽角。这种角落的选择，既和学生过去记忆中积累的绘画作品有关，例如酷似《清明上河图》上某一个地点，或者很像《富春山居图》中某一个景象，也可能与生活中的事件有关，例如学生们为了要给敬老院老人们送去丰收的苹果，对苹果树就会倍加爱护；为了给老师送上玫瑰花，就会精心照料一个花圃。总之，美丽角应该是和学生有着强烈的情感联系。

在学生身边常常会发生许多事情，而如果教师没有抓住机会，这对于道德教育和情感教育来说是无可挽回的损失，而为什么教师没有发现？是因为教师没有对世界进行情感—审美的观察能力。这种能力不是什么天赋的精神品质。只有通过生活才能获得、理解、完善这种能力，而且还能更聪明地运用这种能力。

有一位美术教师说得好："课堂的美育是否落实到位，教师的作用是重中之重。"她认为一个优秀的教师：一是对生活的认识要有高度与深度。感知生活、结合生活、感受生活很重要。二是对教材的认识要有高度与深度。在有了对生活的高度认识的基础上，深入地研究教材，提取教材信息，根据教学与美育的要求重构教材，有助于教师在课堂教学中实践美育。三是对学生的认识要有深度。学生的认识、能力与需求是实施美育是否成功的关键。有了这三点，美术课堂上就不会出现仅有美，反而少有美育的情况。

5. 语言美是走向美的世界的第一步

语言艺术也叫文学，是用语言来塑造形象、表达情感的艺术形式。语言艺术教育，在学校虽然主要通过语文课，但是也必须所有教师在工作中，同样给以重视，才能培养学生在德智体美上得到全面发展。正像苏霍姆林斯基所强调的："每个教师不管他教哪门课，都应当是一个语文教师。"

认识语言的美是走向美的世界的第一步。

"艺术进入少年的精神世界中是从认识语言的美开始的。最普通的，同时又是最有力量的艺术，这就是文艺作品。认识语言的美，是走向美的世界的第一步，也是最重要的一步。"[①]

过去我们的教师中有一个误解：认为运用语言进行教育，就是"说教"，是一种不好的教育手段。其实，运用语言进行教育与"说教"，有三种原则性的不同。一是目的不同。"说教"的目的是想用语言的强势压倒学生，而不是通过艺术的语言，进入学生的心灵，点拨他们，引导他们。二是前提不同。"说教"是一厢情愿，教师不做调查研究，想当然地只顾自己说个痛快，而运用语言进行教育，除了调查研究之外，要做许多准备工作，例如，在生活中要培养学生对美的欣赏，同时体会相应的语言色彩。三是内容的不同。"说教"的内容往往是教条的、空洞的，甚至是粗暴的，而运用语言进行教育，则要认真讲究语言的艺术，不但要根据学生的年龄特点，还要针对学生的个性特点，根据当时、当地的客观情况，选择恰当的词汇。

不重视语言，不相信语言的力量，会导致教师缺乏教育修养和教育上的简单化。当前，在一部分教师中，出现语言暴力、讽刺、挖苦，就是一种冷暴力，极大地伤害了学生的心灵。

"语言的抽象性既是文学之短，也是文学之长。……语言的抽象性，同时意味着多样性和无限性。文学通过语言媒介可以突破时空的限制，既可以展现最广阔的社会情境，也可以深入人类心灵的深处。"[②]语言艺术是需要我们教师认真学习和长期修炼才能够掌握好。

教师要善于"用对人的教育中的最精细的工具——语言去触及人的心灵中最敏感的角落"。教育家苏霍姆林斯基是这样做的："我们到大自然中去，到森林、果园、田野、草地、河边去，语言在我手中成为武器，我借助于语言，使孩子们

① 苏霍姆林斯基：《育人三部曲》，人民教育出版社，1998，第608页。
② 王道俊，郭文安：《教育学》，人民教育出版社，2009，第362页。

看到周围世界的丰富多彩。孩子们感受到和体验到所看到和听到的东西的美，就能领会语言的细微色彩，而美则通过语言进入他们的心灵。"①

语言是美育的手段。

理解语言的情感色彩，这不仅是艺术的入门，还是学生丰富的、真正的智力生活的开始。当学生发现了语言的美，就会产生极大的学习积极性，他们不是单纯为了考试，而是被美好的语言文字打动。有些学生热情地收集词汇、优美的句子，背诵经典的诗词。学生们还主动地在课堂上、日常交往中运用新词汇，即使偶尔运用得不恰当，同学之间也不讥笑，继续探讨。当有的同学巧妙地使用了一个词汇，还会博得全体同学热烈的掌声。

"我益发确信，形象地观察世界，力图用语言表达对美的感受——这就是儿童思维的核心。儿童的思维是艺术的、形象的、饱含情感的思维。要想让孩子变得聪明伶俐，就要让他享受到艺术地观察世界的幸福。"②

我们应该由衷地感谢苏霍姆林斯基，他把我们带入研究儿童智力发展的正确方向。而过去我们只是一味主观地按照成人的思维去理解儿童。

特别是在少年期，在一定意义上，语言是唯一的教育手段。因为少年期是认识概念、原则、概括性真理的年龄期。而语言就具有概括性、抽象性，所以这个时期的学生，常常热衷于抠字眼，争论一些概念的定义，并不觉得这些是枯燥无味的事情，因为这个年龄的他们，内心坚定地认为，必须重视语言的科学性和艺术性。

教师应该支持学生的这种探索。因为认识观念世界，是少年期的特点。而要使观念产生教育作用，少年就应该感觉到语言的色彩，体验到它的美。这样才能使人得到升华，使人在潜移默化中变得高尚。

我们在教育中出现的许多困难就在于，在引导学生从智力上去认识世界的同时，没有进行细致的工作，去发展学生的情感—审美修养及对语言的敏感性。单纯的知识灌输，为获得高分而进行的死记硬背，不仅不能使学生提高审美修养，就是背诵的真实效果也值得怀疑。

---

① 苏霍姆林斯基：《育人三部曲》，人民教育出版社，1998，第216页。

② 苏霍姆林斯基：《育人三部曲》，人民教育出版社，1998，第88页。

培养学生用语言表达美的能力。

要想培养学生用语言表达美的能力，教师就要善于把学生带到语言的源头——大自然和多彩的社会生活中去。学生们被周围世界的美迷住了，他们心旷神怡，多么想看到这种美的细节、各种色彩的变化。在这样的时刻，一个人就很想表达自己的情感，想找到语言去和其他人交流，而交流的目的就是为了表达自己的惊异和赞美。这时候，应当说时机已到。教师就需要向他们揭示语言的美，帮助学生们寻找到恰当的词汇。和学生们一起探索，用什么语言能够更好地把自己此时此刻的情感表达出来。

教师除了平时认真学习文学，进行长期积累，在课堂上，也要讲究语言的艺术，认真推敲针对不同学生、不同情况使用的语言。有时候，我们教师的一句话，就有可能影响学生一辈子。

有一位优秀教师，至今还记得是初中时期，他的老师的几句话，竟然对他产生了终身的影响。

　　有一天我问张老师："如果希特勒死于1938年，今天的世界会变成什么样子，人们又会怎样评价他？"张老师斩钉截铁地对我说："历史没有如果，人生也没有如果，要好好把握。"

　　当我看完《三国演义》后，心里很矛盾，因为书里，一方面歌颂关羽和赵子龙这样的英雄；另一方面又写道"白发渔樵江渚上，惯看秋月春风""古今多少事，都付笑谈中"，就问张老师："男人到底要做英雄还是甘于平庸？"

　　张老师语重心长地对我说："男子汉大丈夫，横行于天地间，即使变成一颗流星，粉身碎骨，也要闪烁一下，照亮天空！"我一直记着张老师的话。①

引导学生通过创造来学习语言。

作文、编小故事，是学生进行创造的最初领域，在进行这样的创造时，学生肯定了自己的能力，认识了自己，体验到了由于自己正在创造着什么，而带来的

---

① 叶志刚：《北大教父》，清华大学出版社，2014，第229页。

最初的自豪感。美于是通过语言进入他们的心灵。

　　绝大多数的青少年都很喜欢诗歌。这是形成情感—审美修养的一个重要阶段。苏霍姆林斯基指出："缺少了诗意和美感的涌流，孩子就不可能得到充分的智力发展。儿童思想的本性就要求有诗的创作。美与活跃的思想犹如阳光与花朵一般，是有机地联系在一起的。诗的创作始于目睹美。大自然的美能锐化知觉，激发创造性思维，使言语为个人体验所充实。"[1]

　　有一位学生曾经被教师认为是差生，家长也十分失望，以为这个孩子软硬不吃，已经不可救药了。可是有一天，家长和老师发现了孩子写的诗，对孩子产生了新的认识。

> 父亲，
> 父亲的叹息，
> 我从父亲的叹息中听到了无奈和担忧，
> 这是因为我。
> 我最终是要让父亲的叹息中，
> 有了如释重负的轻松。
>
> 母亲，
> 母亲的唠叨，
> 我从母亲的唠叨声中了悟了人生的真谛。
> 我长大了，
> 反复地想着，
> 将用什么来报答您。
>
> 友谊，
> 在手中流逝掉的友谊还少吗？
> 他，她，它，
> 也许只是生命中的插曲，

---

[1]　苏霍姆林斯基：《育人三部曲》，人民教育出版社，1998，第49页。

但都是独一无二的旋律。

如何帮助学生通过创造来学习语言？教师的态度，使用的语言，能够对学生产生巨大的影响。有这样一个真实的故事：一个孩子，上高中了还是不交作业，总逃课，成了全校的反面教材。一次，她为了证明自己，用了两个星期的时间，浸入所有的感情和心血写了一篇长达 12 页的作文，完成后，她偷偷把作文放到了班主任（也是语文老师）的桌子上。就这样开始了度日如年的等待。

之后的每一天，她都观察班主任的神情，看是否会有变化，也在不断地幻想老师看到作文后惊讶、兴奋的表情。直到一次自习课，老师走了过来，把作文甩在她的面前，伴着一句冷漠的声音："你写得很辛苦，但全都是废话。"那天晚上她哭了。

后来的期中考试，她数学考了 29 分，物理连卷子都没交。她决定转学。

到了新的学校，她少言寡语，就像一个远走他乡的刑满释放的犯人，没有人知道她的过去，好像也没有歧视与偏见。

在一个伟大的日子，新语文老师当堂对着全班同学读了她的作文，她激动得发抖，当老师微笑着把作文本递到她的面前时，她看到老师微笑着又充满信任的眼睛。评语这样写道：你很有自己的想法，对生活观察细致，文笔朴实，继续努力，定会成功的。这一天，她被久违了的幸福包围着，反复地回味当时被表扬的感觉。

据我所知，这个学生后来进步很大，而且选择了一生从事教育事业，成为了一名优秀教师，发表了不少好文章。可见，一个教师的心灵、语言是否美，不但决定了他的学生是否能够通过创造来学习语言，而且在一定程度上还能够决定学生的命运。

6. 怎样对待身体美？

爱美之心人皆有之，人们自然少不了关注身体美。现在，自然美，社会美，艺术美和身体美，已经成为人类审美对象的四大领域。

身体美育就是以身体关怀为中心——引导人们追求美好的生活，是以身体美的塑造、欣赏和展现为中心的审美实践。但是目前，在教育界引导师生去追求身体美，进行身体美育，是一个长期被忽视、被遗忘，甚至被误解的事情，现在需要扭转态度，尽快进行补救。

什么是身体美？怎样进行身体美育？

身体的形象美。

身体的形象美，它是由人的容貌、形体、气质、风度等组成的整体身体美。[①]人们所追求的"美的生活"，无疑是需要由自己的身体去体验和经营的。

身体的形象美，首先表现在健康。身体是生命的根基，身体是人类生命的载体，健康的身体标志着旺盛的生命力，它是身体美的基础。

身体是劳动的本钱。身体不好会造成学习不好、工作效率不高的结果。每个人正当的行为是由正确的意识以及能支配意识的身体共同实现的。一方面只有正确地认识了外在世界和自我，人们才能确立正确的意识，而另一方面意识的实现需要自己的躯体去执行，正当行为还必须依赖身体功能的健全，通过身体活动来实现。

有经验的教师都知道，许多学生学习不好，首先可能的因素是身体不好。身体不好，有的是表面能够看出来的——比如无精打采、面黄肌瘦，有些是不经过医疗检查，连他的家长也不会想到，比如近视、耳背。

经验告诉我们，约有85%的不及格学生学业落后的主要原因是健康状况不够好，身体有某种不适或疾病。……多年观察表明，所谓的头脑迟钝，在多数情况下是由于连孩子自己也感觉不到的周身不适所致，而并非大脑半球皮质细胞有什么生理变化或功能不正常。[②]

身体是人认识世界的出发点。人类接触世界，依靠身体作为媒介。通过身体去认识世界，是人类思维的基本方式。人类对世界的认识，知识、情感、文化的获得，都是源于身体的感知。因此，身体应该作为我们认识自己和认识世界的根本出发点。

不仅要关注自己身体的躯体特征和外部形象，更重要的还要关注身体的社会化的结果——人的身份。人是社会性动物，身份是身体在各种社会关系中的表现形态。而各种社会关系正是由身体来参与和确立的。例如，亲人即是肉体有着血

---

① 方英敏：《身体美育与审美教育》，《贵州大学学报》2015年第4期。

② 苏霍姆林斯基：《育人三部曲》，人民教育出版社，1998，第50页。

脉关系的人，而朋友则是在心灵和情感上有着共性的人。身体是肉体和心灵的合一。身体是连接个人与环境、个人与社会以及个人之间的媒介，身体活动是人确认自我的关键环节。认识自我，就要从身体开始。身体美学探讨的主要就是身体本身的内在感知与意识能力，正确认识自己的身体，有助于人们提高自我认识。

指导学生用体育和艺术的方法，塑造自己身体的形象美，应该是美育的重要任务之一。

身体的仪态美。

活动着的身体美，就是仪态美，它把培育得体、优雅的言谈举止、坐立行走、待人接物以至进食姿态等作为美育目标。

人类的身体是身心结合的。人类和其他动物不一样，人类有思维，有自我意识，有情感。人类的身体美与自身的思想感情密切相关。

仪态包括面部表情、站立姿态、行走姿态、手势等。达·芬奇曾说："从仪态来了解人的内心世界，把握人的本来面目，往往有相当的准确性与可靠性。"在校园里，一个老师，如果终日板着面孔，面对一个个学生的热情问候，面部表情冷若冰霜，我们很难认为他是尊重学生、热爱学生的好老师。

要达到仪态美，除了心态要健康之外，还需要掌握一定的礼仪知识和进行必要的训练。师生交往中，手势很重要。比如：在课堂上，请学生站起来发言，教师的手势应该是手心向上，以示尊重，绝不可以用手指指向学生。师生之间递交物品的时候，应该用双手，不方便时，也尽量用右手。教师发作业的时候，绝不可以把作业本扔给学生。

身体的体验美。

关于身体感觉的美育就是体验美，它把培育和改良人的身体感觉、体验作为美育目标。[1]

为什么能够把对身体的感觉、体验作为美育目标？因为体育活动中蕴含着丰富的美育因素，如形体美、力量美、动作美、风格美等。米开朗基罗的雕塑《大卫》，徐悲鸿的绘画《愚公移山》，其中都突出地表现了力量美。马克思曾说过，"美感就是人在创造性劳动中感到各种本质力量能够发挥作用的乐趣。"体育活动

---

[1]　方英敏：《身体美育与审美教育》，《贵州大学学报》2015年第4期。

中，人的体力和情感能够得到高度的发展，是人类的一种创造性行动，人在其中就能体会到无穷的乐趣和美的感受。现代体育的享受性和愉悦性，就是基于人类爱美、追求美的天性而被广泛承认的。[①]

当一个学生用优美的姿势三步上篮时，用抽、搓、削、挡手法打乒乓球时，他会逐步感到自身的力量美、动作美；经常锻炼身体的学生，他身上的三角肌、胸肌、腹肌，就是让自己感到自豪的一种形体美；一场有优良赛风的足球赛，不论输赢，会让学生体验到的是风格美。

在体育活动过程中，教育者的责任就在于运用各种手段和方法，把人体所能表达的各种美的动作，以运动的形式展示给学生，不仅让学生感受美，还要鼓励学生通过自己的身体运动去表现美、创造美，利用人体运动中美的因素去熏陶学生，从外在美和内在美两方面给学生以美的教育。[②]

苏霍姆林斯基在他丰富的教育经验中，就有身体体验美的内容。他说："少年的力气无法遏制地想释放出来，因此十分重要的是使他们能够把一些复杂和细腻的动作与体力互相配合。"[③]这样做的目的，是设法让学生在体育锻炼中，通过体验和自身努力，把自己的动作变得更加灵活与优美。

7. 校园之美

校园是学生每天长时间生活在其中的地方，它对学生心灵的潜移默化的作用不可低估。校长、教师是学校的灵魂，他们深知这一点，因此许多校长都在校园的设计上下功夫，许多班主任都会把自己的情感投射在教室的精心布置中，目的都是想渗透一种无声的审美的教育。

国务院办公厅《关于全面加强和改进学校美育工作的意见》指出："注重校园文化环境的育人作用。各级各类学校要充分利用广播、电视、网络、教室、走廊、宣传栏等，营造格调高雅、富有美感、充满朝气的校园文化环境，以美感人，以景育人。要让社会主义核心价值观、中华优秀传统文化基因通过校园文化环境浸润学生心田，引导学生发现自然之美、生活之美、心灵之美。进一步办好

---

① 王道俊，郭文安：《教育学》，人民教育出版社，2009，第387~388页。
② 王道俊，郭文安：《教育学》，人民教育出版社，2009，第387~388页。
③ 苏霍姆林斯基：《育人三部曲》，人民教育出版社，1998，第411页。

大中小学学生艺术展演活动，抓好中华优秀传统文化艺术传承学校与基地建设，各地要因地制宜探索建设一批体现正确育人导向、具有丰富文化内涵的校园文化美育环境示范学校。"

我去过许多学校，那些校园之美，曾经使我受到很大启发，但是也有一些在校园设置中，出现了不符合审美原则的现象，实在令人遗憾，值得我们共同去深入探讨。

我以为，校园设置中至少需要遵循这四个原则：

（1）校园之美要体现人生最高的追求。

校园之美，绝不是花些钱购买名贵的材料，表面装饰一下，更不是搞得花里胡哨，让人心情更加浮躁。因为，美应该是人对自己本质的最透彻的理解；美又是人的最高境界；美和人类的实践、和人一生的实践紧密相连。因此，校园之美应该深刻地体现在两方面：

激发学生思考人生。

在校园设置中，应该有各种历史名人的人生格言，当然更需要让学生知道，他们的人生奋斗历程，并引导学生去思考。例如，在初中学校校园中，如果有他们敬佩的宋庆龄、茅以升、刘胡兰、爱因斯坦等人的形象，同时还有他们少年时代的事迹、言论，将更有助于激发初中学生思考自己的人生。

有的学校展示了本地区烈士的雕像、事迹，虽然他在全国并不出名，但由于是本地人，让学生们有一种真实感、亲切感、自豪感，也会对学生产生很好的激励作用。

当然，了解人生意义的前提是对生命的理解，因此，在教室里，一盆鲜花，一缸小鱼，让学生们亲自管理、照顾，成为苏霍姆林斯基所采用的一种方法，让学生在与各种生命的交往中理解生命，也是一种有效的聪明做法。

照亮学生发展前景。

首先，是让学生了解全人类的历史。有的学校展示了中国古代的大教育家孔子的画像，长廊里布置了历代优美的诗词，让学生们了解祖国的悠久历史，体验美的发展历程，自然能够得到陶冶情操的效果；而有的学校，则是把孔子和苏格拉底的雕像，中国古诗词和世界各国的优秀诗歌，同时展示，让学生们从小就有一种世界眼光，面向世界，我认为这样做很有远见。

其次，是让学生看到未来。校园设置要向学生展示人类对未来的丰富想象。引导学生思考十年、二十年、五十年、一百年之后，世界和中国的情境；思考要想达到这个目的，自己应该做出什么样的努力？为此，在校园和社团都可以设立"思考室""未来室"，引导学生思考怎样用自己的行动，为世界、为自己获得美好的前程。

（2）校园之美要以愉悦的形象、形式展现。

《意见》指出："营造格调高雅、富有美感、充满朝气的校园文化环境。"

> "工美附中的校园的确很美，美得时尚、大气，美得有内涵；美在它有章法，有讲究。它的美，有美学的专业依据。校长王哲旭以美学大师的手和眼，塑造了校园的美。走进工美附中的校园，目之所及，你会觉得很舒服、很惬意，校园环境中的每一个元素都很和谐。和谐的教育就是美育。"[1]

> "北京市陈经纶中学分校，将美学元素合理融入校园建设与规划教学楼大厅里，"相约一起飞"的铜雕与"流水遇知音"的美妙琴声相伴；各楼层反射了主题长廊，斑斓记忆、书法条幅、艺术装饰等让人情不自禁地受到美的熏陶；还有花草树木，错落有致的花园、鲲鹏展翅美观实用的造型、主题鲜明色彩纷呈的愿景……让美育融入生活中，为学生创设最大的自由活动空间，这是构建育人环境的美学元素，更是校园氛围的现实写照。"[2]

高质量地展现美。

美必须通过美的、使人愉悦的形象，让学生充分感受到。要力争在现有条件下，把最好的、最美的作品给学生。校园规划，要由懂得园林艺术的人设计，塑像应该达到较高的艺术水准。

"校园文化不是装修出来的。有的学校干脆将校园文化建设的工程外包给社会上所谓的校园文化设计公司，于是，一些粗陋、浅薄、村气、匠气、俗气或是土豪气的校园景观，被千篇一律地复制出来并大行其道。校园文化建设系统中的环境文化与金钱几乎没有关系，它重在有文化的味道、文化的底蕴和格调，重在

---

① 老廖：《校园文化不是装修出来的》，《现代教育报》2016年5月11日。
② 郑祖伟：《以美育人，美在校园》，《现代教育报》2016年5月4日。

有艺术的素养。只有金钱，没有文化；只有装修，不靠文化，不可能建设好校园文化。"①

我记得有一个学校，设备已经非常老旧，但是由于它属于近期拆迁的建筑，新设备又都不允许添置，是当时一个极少的生煤球炉子取暖的学校，要做到校园美，困难重重。但是校长还是下决心采取措施，先把学校最脏、最臭的厕所改变成学校最美、最香的地方。让学生亲眼看到，通过自己的努力，可以把环境变得更加美好，对学生进行了一次成功的审美教育。

艺术课进行熏陶。

并不是有了美好的东西，学生自然而然就会感受到。这里需要强调的是，一个人如果没有感受的敏感性，没有审美能力，再美的事物也是无济于事。马克思说得好："正如音乐才能唤醒能欣赏音乐的感官，对于不懂音乐的耳朵，最美的音乐也没有意义，就不是它的对象。因为我的对象只能是我的某一种本质力量的证实。"

学生的感受敏感性、审美能力同样也是需要培养的。学校的艺术课程，应该承担起这个任务——例如，当学校的校园里的设施中出现了校徽，这时候，美术课就需要引导学生理解校徽中美的含义；当校园里播放了进行曲的时候，音乐课就需要引导学生体悟其中美的旋律。

（3）校园之美要开启学生心灵。

校园之美应该引起学生心动。

罗丹说："世界上并不缺少美，而是缺少发现。"为什么缺少发现？因为我们的心灵尚未开放！因此，发现哪些是影响心灵开放的原因，准确地找到它才是当务之急。校园之美，务必能够引起学生的心动，才能达到美育的效果。

有的校园的设置，尽管花了很多钱，校长可能自认为很美，但如果不能开启学生的心灵，审美教育仍然等于零。例如有的校长室，十分豪华，宽大的老板办公桌、沙发，甚至在办公桌下面，还有像金銮殿那样的一个高台。这是按照供货商人的审美观设计的，和教育氛围是格格不入的，这里没有师生之间的相互尊重，也没有生动活泼的师生互动。

---

① 老廖：《校园文化不是装修出来的》，《现代教育报》2016年5月11日。

开启心灵需要教育者下功夫。

如果学生心灵还处在封闭，甚至麻木的状态下，这时候就需要教育者下功夫，寻找开启学生的心灵突破口。

首先要解放学生。上课需要有基本的纪律，但是没有必要"两脚并拢，脚底紧贴地面"；走路要保证安全，但是没有必要"走路不许跳"。校园不应该充斥着"禁止""不许"的牌子，而应该处处看到的都是温馨的、阳光的提示。

其次是情感的相通。苏霍姆林斯基强调指出："情感状态是乐队的指挥，随着他的神奇的指挥棒的挥舞，各种各样散乱的声音变成具有美妙旋律的和声。"教育者对于学生的情感发展要十分关注，注意培养他们情感的敏感性、细腻性，随时观察和研究校园之美对学生的情感产生了什么影响，并展开相应的教育工作。

最后，也是最重要的，是使学生成为美化校园的主人，从而激发学生的创造力，让学生成为设计校园、建设校园、改进校园的主人，鼓励他们在这方面发挥想象力，大胆创造。"学校提供平台，让学生自己找来格言或有寓意的故事，定期轮流推荐给大家，会更好地调动学生的自主性。"许多学校设置了供学生展示自己的格言角、诗词墙、涂鸦壁，都产生了极好的美育效果。发动学生自己动手改变环境，劳动才能产生美，才能激发智慧。校园里、家庭里，如果都缺少劳动的场所和机会，这样环境再美，孩子们也会觉得乏味。

（4）美对于不同年龄的学生有不同的意义。

注意学生的生理、心理年龄特点。

由于学生的生理、心理结构与成年人不同，生活阅历不同，所以面对学生的校园设计绝不能是从成年人的需要出发。有的学校建筑让人感到像过去的政府机关，严肃有余，活泼不足；有的学校展示了大量的书法篆刻作品，其中的很多文字学生并不熟悉，有的甚至稀奇古怪，更无法让学生欣赏。

即使是橱窗的高度，也一定要适合不同身高学生。有的幼儿园设置"哭脸""笑脸"的图案，而不是文字牌，让孩子们自己选择，和老师交流、诉说自己当时的心情，就是很好地尊重了孩子年龄特点的做法。

既要适合学生当前，又要引导学生发展。

校园之美的设置，首先要符合学生当前的心理需要，这才能引起他们的共鸣。但是又不能只是消极地迎合他们当前的需要，还需要引导学生向前发展，要善于在"最近发展区"不断提出新的目标。

以造型艺术为例，面对小学生，需要有和他们心理需求相近的，充满童趣的想象画、幻想世界，甚至同龄孩子的涂鸦，但是也需要有世界级的绘画大师——达·芬奇、毕加索、列宾、齐白石、张大千的名作，以使学生了解人类艺术所达到的高度。

通过校园之美，让各个年龄段的学生，都能够既从自己实际出发，又能够不断提高自己的审美水平。

8. 社团活动——以戏剧等综合艺术为例

学校中的社团活动是美育的一个重要途径。社团活动是学生自己选择、自愿参加、自我管理的活动，能够满足学生的兴趣爱好，展示个性特点。因此，它内在地契合审美、立美的需要。下面以戏剧为例，探讨社团活动对美育的贡献。

戏剧等综合艺术有独特的美育功能。

艺术教育包括语言艺术教育、造型艺术教育、表演艺术教育和综合艺术教育。戏剧、小品、木偶戏、皮影戏、电影和电视剧，这些都属于综合艺术教育。

为什么一些名校和名师都不约而同地十分重视戏剧等综合艺术教育？例如苏霍姆林斯基的帕夫雷什学校成立了木偶戏剧团和话剧小组；美国第56号教室，雷夫老师领导孩子们每年排练一出莎士比亚的戏剧；北京的十一学校，话剧团是学校最受学生欢迎的社团之一。原因就是戏剧等综合艺术教育有其他艺术形式没有的独特的美育功能，它是最贴近生活、震撼人心的艺术形式，它是受到欢迎的一种重要思想教育手段，它是发现和培养各式各样人才的又一途径。

案例：当童年遇上戏剧[1]

多年来，回民实验小学坚持戏剧教育的办学特色，探索并实践戏剧教育一体化实施路径。

在校园里，民族教育和艺术教育相得益彰。回民实验小学金帆艺术团班

---

[1]　方媛：《现代教育报》2016年6月8日。

级剧组、年级剧组、学校剧团，分别进行语文剧场、皮影剧和歌舞剧的展演。语文剧场是以自然班为单位，为学生提供了学习语文的情景场、体验场、实践场，把学习探索过程多维立体呈现，用戏剧教学方式，培养学生的语文素养。

当天的演出现场，呈现了古代故事《西门豹》的教学片段，学生在小剧场中与剧中人物对话、讨论剧情、展示自身成长过程等，真正"让学生站在学习中央"。小学语文中的《七颗钻石》也被学生搬上舞台，并被改编为皮影剧《爱，能点亮那颗心》。

更让人惊讶的是，这个剧还从三个维度弘扬了社会主义核心价值观：第一，剧目根据俄国著名作家列夫·托尔斯泰的童话《七颗钻石》改编而成，童话从不同的文化视角演绎了永恒的爱的故事；第二，剧目排演中，将传统文化中的皮影艺术自然融入，不仅突出表现了童话故事神奇的特点，更体现了对传统文化的传承；第三，教育资源多元性的特点，在演出中充分呈现。

现实生活中的一对真父女和一对真母女成了剧中的亮点，家长的真情出演，再次表现出学校戏剧课程深入了每一个家庭，也加深了亲子关系。歌舞剧《潘冬子的成长》是学校红色经典剧目《闪闪的红星》升级版，在建党95周年之际突出了"做党的好孩子""在党旗下茁壮成长"的主题。故事主线更加清晰，人物形象由神坛走下，更加符合现代儿童的认知规律，语言表达也更加生活化。

戏剧等综合艺术教育有独特的美育功能。

苏霍姆林斯基指出："感知美和理解美是审美教育和审美修养的基础和核心，离开这个核心，对生活中一切高尚的东西都会没有感情，失去知觉。教育者的最重要的任务，就是要使儿童、少年和青年形成关于人的美，关于人的思想、情感和体验中的高尚和神圣东西的观念。我们要使这种观念成为有血有肉的东西——用具有高尚道德行为的生动实例来充实它。"[1]

那么，到哪里寻找生动实例呢？除了日常生活以外，戏剧等综合艺术教育就是一个最好的选择。因为它最贴近生活，有三点是其他艺术形式缺少的独特

---

[1] 肖甦主编译：《苏霍姆林斯基教育智慧格言》，人民教育出版社，2014，第222页。

功能：

一是戏剧和影视艺术等是综合了绘画、文学、音乐、舞蹈、摄影等艺术的各种元素，综合之后，又生发了"源于生活，高于生活"的独特美育功能。它使每个人在观看时，各种感官全部都进入充分感知的状态，喜好各种艺术的人，几乎都可以在戏剧中得到审美的满足，例如"中国戏曲……通过音乐、舞蹈、唱腔、表演，把作为中国文艺的灵魂的抒情性和线的艺术，发展到又一个空前绝后、独一无二的综合境界。它实际上并不以文学内容取胜，而是以艺术形式取胜，也就是以美取胜。"[①]

二是戏剧等艺术是最接近生活的表现形式，它最逼真、具体、可信，能够打动人。观看时，每个人都感同身受。在剧院中，常常看到观众一会儿哈哈大笑，一会儿痛哭流涕，即使散场后，心绪仍然不能平静。例如中国的《白毛女》上演时，由于观众融入到了戏剧中，忘了自己在看戏，发生了观众向演员开枪的不幸事件。

三是戏剧等艺术将生活中复杂的、分散的矛盾和冲突加以提炼，浓缩在有限的时间和空间，展现出强烈的剧场效果，最容易激起观众的情感共鸣。这种占用时间少、内容精炼的形式是青少年儿童教育最好的手段，所以应该在学校教育中大力提倡。

2016年，我在国家大剧院观看了著名演员冯宪珍演出的《办公室的故事》。一个小小的舞台，有限的几个人物，就能够把每个人的内心世界和当时社会上的流行文化，展现得淋漓尽致。剧场里不时发出一次次会心的笑声。在演出后的座谈会上，我请冯宪珍说一说如何培养下一代青少年儿童热爱戏剧。她说："戏剧是伟大的艺术，应该多让孩子们接触。剧场里，演员和观众在同一个空间，是平等的……要让学生理解戏剧的伟大，不同于其他艺术。西方文化好像对戏剧比较重视，而在当代中国，电视等传媒对年轻人更有吸引力。现在，我们需要先让学生多接触戏剧，逐步了解戏剧，最终喜欢戏剧。"

---

① 李泽厚：《美的历程》，天津社会科学院出版社，2001，第314页。

戏剧能够给儿童记忆留下深刻的印象。

"毫无疑问,一个人美感和情感的发展在很大程度上,取决于儿童时期对审美能力的培养。鉴于这种情况,我们竭力使儿童易于理解和接受的大自然、周围环境、诗歌、造型艺术、音乐的美,在儿童的记忆中留下深刻的印象。"[1]

我们在乌克兰参观首都基辅苏霍姆林斯基幼儿园时获得极深印象的就是孩子们演出的童话剧。

　　幼儿们演出的是苏霍姆林斯基编写的童话剧《一个苹果的故事》。演出时,孩子们完全沉浸在剧情中,两个小姑娘表演怎样克服困难,勤奋劳动,种了一棵苹果树,然后是全家人浇水、除虫,尽心照看。

　　秋天到了,结出红红的大苹果,姐妹俩摘了一个大苹果,送到母亲那里,母亲把苹果分成两半,但孩子们说,还有妈妈没有得到呢。妈妈说,"是啊!分成三瓣也不够,整个村子还有很多人没有尝到苹果,全世界还有许许多多的人⋯⋯怎么办呢?"

　　于是在场的幼儿们开始极其认真地讨论:怎么让全世界的人都能够吃到大苹果?

整个表演是在音乐的伴奏声中缓慢进行,孩子们全都被童话剧感染了,他们在想,好东西怎么能够让全世界的人共享?这个演出真是寓意深远啊!

　　我在少年宫工作的时候,曾经担任过木偶戏小组活动的辅导员。我发现,孩子们极其喜欢木偶戏,不论是演员还是观众都会被木偶演出所陶醉。记得我们演出过一个小节目:描述一个爱随地吐痰的老爷爷,当他一次次重犯错误时,孩子们个个哈哈大笑,而且多次要求"再演一遍"。

这样一个简单情节,为什么孩子们多次要求"再演一遍"?就是因为在这个过程中,孩子们得到的是一种审美享受。通过木偶戏这种综合艺术,夸张的人物造型、动听的音乐、生动的台词、有趣的动作,使孩子们的感官、想象、期盼、

---

①　肖甦主编译:《苏霍姆林斯基教育智慧格言》,人民教育出版社,2014,第223页。

道德需求都能够反复得到快乐的满足，教育就是在这种润物细无声中悄悄进行的。

多一个平台，就多发现一批人才。

美国第56号教室的优秀教师霍夫，在一个班里长期坚持艺术教育。他们每年制作、演出一出完整的莎士比亚剧。当地居民高度赞赏"霍伯特的小小莎士比亚们"。

霍夫为什么十分重视艺术教育，他是极有远见的。他说："接触艺术教育的孩子学到的，远远超过他们所学的艺术本身。"他认为演出是"关乎语言、音乐、团队合作、冒险、纪律、勤勉，以及自我发现"。他说："我们的目的是学习语言的力量和团队合作的乐趣。"

每个同学都是自愿参加戏剧小组，因为这个活动要耗费他们一年的时间，也意味着他们必须放弃电视、电玩，以及流行文化。

他们亲自制作服装、布景，一遍又一遍地读台词；在演出中场休息时，小演员们自己并不休息，而是为观众送上点心和饮料。演出结束，他们虽然非常疲劳，但是还是要坚持自己打扫卫生。

　　我在一个初中实验班进行自我教育实验研究时，发现这个班的生源比较差，学习困难和品德欠佳的学生几乎占了三分之一。平时的文化课很难上，活动就更难开展，但是在排练《东郭先生和狼》话剧的过程中，却发现到处都是人才。他们主动制订纪律，自动维持纪律。报名时没想到他们那么踊跃，像"导演"这样高要求的角色，竟然也有三个人竞争；"东郭先生"这个角色台词最多，也有多人竞争；"驴"这个特殊角色，也有人不怕别人开玩笑，主动请缨。准备服装、道具是个烦琐的幕后工作，仍然有好几个人主动承担……

　　从这个活动中我发现了许多人才。一位出色的导演，他能够理解剧情，调动每个演员的积极性，而他平时却是一个所谓的个别生；一位出色的演员，沉浸到剧中，活灵活现，但他在课堂上却是一个"闹将"；一个学生默默无闻地为演出找来了服装、道具，她是一位学习成绩不好的后进生。还有一位平时稀里糊涂、打打闹闹的学生，现在看到别人个个如鱼得水，都找到了自己的位置，而自己什么也不会，开始变得沉默了。这个沉默也可能是好事，他可能会爆发出新的活力！

苏霍姆林斯基认为："音乐—想象—幻想—童话—创作，孩子就是按照这样一条途径发展他的精神力量的。"不同层次的戏剧等综合艺术，适合不同年龄孩子们的发展需要。戏剧艺术等综合了绘画、文学、音乐、舞蹈、摄影等艺术的各种元素，又能够为有着不同潜能的学生提供创造的舞台。

幼儿和低年级学生富于想象，童话剧、木偶剧，甚至利用玩具扮演各种角色，他们都能够进行再创造。

"每次去童话室，孩子们总想玩一会儿。不管是男生还是女生，大伙儿都能找到心爱的木偶或玩具，游戏变为创造性的活动：孩子们成了童话中的角色，而木偶在他们手中则帮助他们更好地表达思想和感情。""如果我能使一个在思维发展上遇到很大困难的孩子，想出一个童话故事来，并在想象中把周围的几件事物联系起来，那我就可以满怀信心地说这个孩子已经学会思考了。"

"创作童话故事对孩子们来说，是一种最有趣的和富有诗意的创作活动。同时，这也是发展智力的重要手段。"①

中小学生，在课堂上可以在课本剧上发挥自己的创造能力。

学生被动地学习一篇课文，还是主动去模仿、演出一个课本剧，最后出现的结果可能会有天壤之别。由于学生大多数没有演出的经验，排练课本剧的最初阶段，最好以"雕塑剧"形式出现。雕塑剧的特点是演员只需要摆出一个恰当的姿势，不需要有动作，更不需要说台词，台词由另外一个同学在一旁负责朗读。这样可以把演出的难点分散，负责形象的专门攻克形象塑造，负责台词的专门攻克朗读。

研究表明，特殊的戏剧还能够帮助学生克服胆怯。这就是木偶剧、皮影剧、手影剧的特殊功能。因为这种演出，演员藏在幕后，不直接和观众见面，能够相当程度上减少羞愧、恐惧，有利于学生大胆在幕后表演。许多经验说明，口吃的学生，胆子小的学生，尤其是学习外语张不开嘴的学生，通过这种演出，竟然都有惊人的进步。

---

① 苏霍姆林斯基：《育人三部曲》，人民教育出版社，1998，第166页。

　　总之，由于是综合艺术教育，所以，不仅有表演潜能的学生可以发挥自己的创造性，而且其他学生根据演出的需要，在绘画、文学、音乐、舞蹈、摄影、电脑技术、舞台设计等方面也都可以发挥自己的创造性。

（二）学校如何在家校合作中推动家庭美育

　　家庭教育、学校教育和社会教育，三者互相不可代替，尤其在当前社会迅速发展的形势下，这种自觉的合作研究更显得极其重要。

　　学校如何在家校合作中推动家庭美育？必须强调的是，家校合作也应该是学校和家庭这两个主体之间的合作。

　　首先，学校应该了解家庭美育的现状。

1. 家庭美育的现状

　　每个家庭实际上都在进行着不同类型、不同程度的美育，只不过，由于中国家庭美育的普及工作做得不够，绝大多数没有明确的目的性、自觉性、计划性。

家庭冲突，有时候竟是由于审美观念不同而引起的。

　　小孩子天生就是个美术家，一旦画笔在手，就东涂西抹，忙得不亦乐乎！一会儿，好端端的一面墙布满涂鸦。妈妈回来，火冒三丈，一顿臭揍——小小美术家就被扼杀在摇篮里了。

　　爸爸让读初中的孩子穿得朴素点，而孩子觉得家长买的衣服太土，简直没脸穿进教室。父子俩战斗了几个回合，胳膊拧不过大腿，孩子噘着嘴，穿着爸爸指定的服装上学去了。

　　过了一段时间，爸爸觉得不对劲，天天穿的衣服，怎么总是那么干净、平整？一天，爸爸悄悄跟踪孩子，这才发现，孩子是快到学校的时候，偷偷把自己喜欢的时髦衣服换上；放学了，进家门之前又换回来。接下来，审问、处罚，在所难免。双方可能都没有意识到，这是审美观念不同惹的祸。

有的家长认为美育不是家庭的任务。

　　有的家长对美育并不反对，但是总觉得这是学校的事情，认为我放心地把孩子交给学校，就什么育也缺不了。这些家长可能不知道，杜威就说过："当家庭教育完全让位于学校教育时，即意味着教育失败的开始。"

　　家庭教育和学校教育，不仅互相不能代替，而且双方如果不能很好地合作，教育仍然不能成功。

学校当然会有一整套美育措施，但是这些措施都不能缺少家庭的配合。比如，学校布置了"寻找春天"的作业，家长是采取应付的态度，"你自己去找吧"，还是颇有兴趣地和孩子展开讨论：什么时间，到什么地方，用什么方法去寻找春天？不同的态度，决定了家庭美育的发展。

因此，例如在家长会上，班主任应当说明学校的意图，并且引导家长，交流这方面的经验教训，帮助家长提高认识。

有的家长感到美育高深莫测。

有的家长感到美育高深莫测，尤其是听了一些美学家的报告，什么"对象性""意象""空灵"，搞得一头雾水。其实，美育应该是家庭教育的"必需品"。美就在身边，美育随时随地都可以进行。种一盆花，听一首乐曲，穿什么衣服，买什么玩具，看什么电视节目……在里面都有美育。

关键是家长有没有审美修养，有审美修养，这些事情，在家庭中都会成为很好的美育契机。从长远考虑，学校应该在家长的审美修养提升方面提供一定支持。因为学校有艺术课的专业教师（也可以邀请家长当中有美育专业知识的人），结合学校、班级活动的需要，讲一讲图案设计、服装选择、绘画和音乐欣赏……

除了讲课，更多的是教师在自己的工作中渗透美育，起到示范作用。比如，教师的语言怎样才叫美？在班主任给学生写的评语中，平时发的短信、微信中，就可以让家长看到充满情感的语言美。

应试教育冲击了家庭美育。

当前最大的问题是应试教育冲击了家庭美育。有的家庭，把孩子的时间全部用在提高分数上，家长才心里踏实。即使参加艺术兴趣小组，也是有很强的功利目的，实际是糟蹋了美育。

这个问题的解决，当然比较复杂，是一个系统工程。但是不同的学校，不同的教师，不同的家庭，由于态度不同，做法不同，培养学生的结果还是有区别的。有的坚持全面发展，成为"应试教育的幸存者"，还会有前途；有的向应试教育投降，甚至成了帮凶，最终是坑害了孩子。

2. 学校应该重视家庭与学校美育

每一个人的成长都离不开社会教育、学校教育、家庭教育和自我教育。在十分重视家庭、家教、家风的中国，做任何事情如果忽略了家庭这个层面，都会很难深入持久下去。真、善、美是所有人类和个体追求的最高境界，自然也是每个家庭发展和提升的目标。美育的贯彻，最终要落实到社会的细胞——家庭。因此，家庭美育是美育建设的重要组成部分。

家校合作。

家庭和学校本来是有着共同的目标——都是为了培养孩子健康成长，但是两方面的合作却长期走在一条曲折的道路上。

回顾学校教育与家庭教育之间呈现的关系，大致有三个阶段。第一阶段：以"关门办学"为标志的阶段。第二阶段：以"开办家长学校"为标志的阶段，家长基本上还是受教育的角色。现在，有的学校正在走向新阶段——第三阶段：以"家庭与学校自觉合作"为标志的阶段（有条件的地区还进入了"家庭、学校与社会自觉合作"的第四阶段）。

这个阶段，学校和家庭认识到自己都是教育的主体，双方需要自觉合作研究，开展教育工作。尤其是学校认识到在新时代不但学生是主体，教师是主体，家长同样也应该是教育的主体，以主动的态度，开始了主体之间合作的新阶段。

学校在家校合作中，应该起主导作用。

家校合作是两个主体之间的合作，但是在目前阶段，还应该强调学校的主导作用。因为从整体看，学校有一批专业队伍的力量。学校应该在家庭美育方面进行指导。

但是学校需要重视两方面的问题：一是真正尊重家长的主体地位，虚心向家长学习，发现和总结他们的家庭美育经验；二是学校要知道，自己并不真正了解家庭和家庭教育，也不一定真正理解家庭教育的重要性和特点。家庭教育是一门复杂的学问，因此也需要从头学起，这样才能有效地发挥主导作用。

3. 家庭美育的重要性与特点

家庭是一个人成长的摇篮、航行中的港湾。父母是第一任教师，也是终生教师。在家庭中，德育、智育、体育、美育都是奠基性的、持续性的，美育更是如此。

"毫无疑问，一个人以后美感和情感的发展，在很大程度上取决于儿童时期对审美能力的培养。"[1] "经验证明，善良之情应当在童年扎下根来，而人性、仁慈、抚爱、同情心则在劳动中，在爱护和关怀周围世界的美中产生。"[2]

家庭是美育之根。

习近平总书记对人生有一个生动的比喻，强调了家庭教育的根基性质："这就像穿衣服扣扣子一样，如果第一粒扣子扣错了，剩余的扣子都会扣错。人生的扣子从一开始就要扣好。"

人生的扣子怎样从一开始就扣好呢？这决定于这个家庭的文化生态建设，决定于是否从小培养孩子的自我教育能力，而且遵循苏霍姆林斯基所指出的："美是进行自我教育最重要的手段"，因此，进一步又决定于家庭的美育。

那么，家庭美育的哪些特殊作用，与扣好第一粒扣子有关呢？

（1）能够解放思想、开启心灵。

许多人都知道"真正的教育是自我教育"，但是自我教育并不容易真正进行。俗话说"装睡的人永远叫不醒"，这从反面说明，进行自我教育必须开启心灵。开启心灵，进入心灵，让孩子发现自我，才有自我教育的基础。

为什么美能够开启心灵？因为美是最自由的，在美的世界里，没有那么多条条框框，更没有禁忌和枷锁。美超越了真与善的局限。每个人可以喜欢不同的颜色，有一个孩子表示他最喜欢黑色，不能说不对。托尔斯泰就肯定了黑色，安娜·卡列尼娜就是以简朴的黑衣裳在晚会上美压群芳。美还可以自由地想象，一个小圆点，孩子可以发挥自己的创造性，天马行空，想象出许多美的形象：太阳，肥皂泡，珍珠……美没有终点，一个孩子，随着阅历的增加，会发现和想象出越来越美的东西，人类随着自己的发展，对美的创造也是没有止境的。

（2）儿童的思维发展得益于对美的敏感性、细腻性。

儿童早期敏感性很强，尤其对色彩鲜明、旋律动听、形象生动的美好事物，对这些外界刺激，都十分感兴趣。儿童早期，了解世界，是以形象思维为主，自然对美这种以形象为重要特征的事物、现象要素，格外喜爱。

---

[1]　苏霍姆林斯基：《学生的精神世界》，教育科学出版社，1981，第66页。

[2]　苏霍姆林斯基：《学生的精神世界》，教育科学出版社，1981，第63页。

儿童通过对美的感知、理解，思维迅速地发展起来。当家长带领孩子观看天空变幻莫测的云彩的时候，孩子开始是震惊，接着是想用各种词语表达自己的赞美和思考，思维的发展，这时候就在悄悄地进行。

（3）情感的发展要与审美结合。

"善良情感、情感修养——这是人性的核心。如果在童年培养不出善良情感，那就永远也培养不出来了。人在童年时期应当经历一个培养情感的学校、培养善良的学校。"①

"感情丰富是受过德育和美育的人所特具的品性，这一品性表现在他的心灵易于领会善意的话语、教导、忠告和赠言。……想使您的学生渴求善良，那您就要把幼小的心灵培养得细腻和富有感情的敏感性。"②

作为进行情感教育、审美教育和道德教育的一种手段，大自然的美只有在对人的个性施加精神影响的所有手段普遍和谐的情况下，才能起作用。对于青少年来说，大自然的美，首先是培养审美知觉修养的学校。大自然的美能培养细腻的情感，帮助感觉到人的美。

（4）最终发现美的自我。

美育的最终目的是让人通过自悟发现自身的美。通过美，引导孩子认识世界，认识自我。"小孩在发现自己周围的美，并对这些美而感到非常兴奋、赞叹的时候，这宛如在照镜子，会观察到人的美。孩子对美的这种感受越早，对美的惊奇越精细，他的自尊感就越高。"③

"为创造美而进行劳动，能使年幼的心灵高尚起来，能预防冷漠情绪。孩子们在创造大地上的美的过程中，自己也就变得更美好、更纯洁和更可爱。"④

当每个人都在人们所创造的世界中看到和感觉到自身美的时候就进入了自我教育。

在家庭早期美育中，审美过程的五个主要因素：感知、情感、想象、理解、自悟，都发挥了重要作用。家庭美育实际上是与自我教育、情感教育、智育、道德教育融合进行的。所以能否"扣好第一粒扣子"决定于包括家庭美育在

---

① 苏霍姆林斯基：《育人三部曲》，人民教育出版社，1998，第64页。
② 苏霍姆林斯基：《育人三部曲》，人民教育出版社，1998，第203页。
③ 苏霍姆林斯基：《怎样培养真正的人》，教育科学出版社，2001，第193页。
④ 苏霍姆林斯基：《育人三部曲》，人民教育出版社，1998，第239页。

内的家庭的文化生态建设。

家庭美育具有整体性、日常持续性、亲密性特点。

整体性：家庭对于每一个人的成长，尤其对儿童来说，是全方位接触、最具有整体性的环境。一天 24 小时，衣食住行，全部生活都在家庭和家庭影响中进行。不仅是物质环境，还有精神环境，都对孩子产生潜移默化的影响。特别是这种整体性的环境，使儿童在家庭中，不仅能听到家长的所说，更重要的是还能看到家长的所做。这种言行俱在的整体性家庭环境，给孩子的影响最为深刻。试想，一位家长虽然口头教导孩子"做人要诚实"，可是却在被窝里打电话，告诉领导"由于堵车，可能要迟到"，在这种情况下，孩子真正学到的只能是如何言行不一。

家庭环境的这种整体性特点使得美育的进行尤为深入和持久。因为真善美是统一体，美必须建立在真与善的基础上。不诚实、自私自利的家长，即使能够说出华丽的词语，他对孩子的教育也只能是徒劳无功的；相反，那些能够实事求是、为人善良的家长，会使得家庭美育逐步产生深远的效果。

日常持续性：家庭教育不但是经常进行，而且可以随时随地自然进行。这就使得家庭美育有条件"点点入地""润物细无声"，变成一种无痕的优质教育。

家庭美育的日常持续性，有利于审美的重复与积累。为什么小孩子对爱听的故事，总让你反复讲，他自己也会不厌其烦地反复说？这就是审美心理的需要，而家庭则有条件比较好地满足这一重要需要。

虽然"常情"与"美情"有区别，不可能处处把"常情"变成"美情"。但是，"常情"是"美情"的基础，一旦有条件，在关键时刻、典型事件中，例如年节、生日，不能只有吃喝，还应该有诗意的回顾、畅想、祝福、勉励，把美的感情，想办法表达出来，深刻感人。

亲密性：家庭是因感情而建立起来的，亲密性应该是必然的表现。夫妻之间彼此的接纳，彼此的包容，使得关系越来越亲密。这种亲密关系必然影响全家之间的关系。

由于亲情关系，相互关注的内容实实在在，是对方所真正需要的，没有虚情假意，这就是亲密关系中的真与善。彼此关注的内容几乎无所不至，彼此的接触往往比较全面和细腻，在这个基础上产生的真情实感，那就是美，一种家庭中特有的美。

家庭美育伴随人的一生。

人生的每一个阶段都离不开家庭，家庭美育也就时时刻刻在进行。

家庭美育应该是男女双方在准备组成家庭的时候就开始了。家庭是既浪漫又现实的存在。双方期盼自己有一个什么样美好的人生，必然相应地期盼有什么样的终身伴侣、什么样的美好家庭。这时候审美就自然融入择偶条件中。

建立家庭，开始家庭生活，更是双方审美标准的相互影响、融合、博弈的过程。直到胎教、胎教之后的每个阶段，都存在家庭美育的渗透。

胎儿阶段：家庭氛围、夫妻心情、母亲亲切的歌声和父亲柔美的琴声，都是美育的第一课……

婴幼儿阶段：大自然的美，家庭中语言的美，细腻情感的培养，游戏、音乐、绘画、童话、木偶剧，成为家庭生活美育的内容……

儿童、青少年阶段：自我意识、自我教育能力迅速发展，美是自我教育最重要的手段；家庭要紧密配合学校、社会进行美育，欣赏周围世界的美；接触大自然、语言、抒情诗、音乐、民歌，进行创作；少年阶段接触全方位的美，以美启德，以美储善，直到青年阶段人生观、价值观的探索与逐步确立……

成年阶段：理解人生的本质，"三十而立""四十而不惑""五十知天命"，确立正确、坚定的人生观，服务于社会的发展、建设，核心是追求美好的人生……

老年阶段：人生的黄金时代，凝结智慧，继续对人类作出自己独特的贡献；智慧地对待死亡，演好美丽人生的最后一幕。

每个阶段，家庭成员是在相互陪伴，不断发现、欣赏、表达、创造着家庭之美的过程中度过的。

4. 家校合作中的家庭美育途径

家庭美育的途径，可以是两个大的方面：一是鼓励、支持孩子参加学校组织的各种美育活动，并把收获带回家庭，持续发挥作用；二是在家庭中开展美育活动，并把成果带到学校，和同学们交流。

一个人美感和情感的发展，在很大程度上取决于儿童时期对审美能力的培养。

（1）通过家庭环境美。

家居环境

要使孩子们生活在美的世界里，首先是家居物质环境要清洁、整齐、明亮、温馨、宁静，而且要经常变换，这有利于发展孩子的审美知觉。

其次是心理环境，这是一些家庭往往忽视的问题。为什么在舒适的房间里，有的孩子感到紧张，终日闷闷不乐？那是因为用应试教育的观念在压迫孩子，剥夺了他们的童年欢乐。

家庭装饰

家庭中的布置，购买什么款式的家具，包括服装和饰品，也反映了审美取向。布置应该是简洁、大方；家具应该是舒适、朴素、美观；装饰应该是优美、富有个性。因为人是世界上最美丽的。因此穿着应当突出人的美，衬托人的美。[①]

提倡建立美丽角、艺术角、思想角、图书角

家庭居室的使用面积可能不是很大，但是如果设计得好，有一个孩子的小天地，都会成为家庭美育的重要平台。比如建立美丽角、艺术角、思想角、图书角，就是很好的方法。引导孩子亲自种一盆花，成为自己的"美丽角"，并且天天为它操劳；收集图书，装进宝箱，成为自己的"图书角"，每天在那里和伟人对话；窗台安排自己的艺术品，成为"艺术角"，在那里得到美的享受；一个不起眼的小圆凳，有可能成为孩子的"思想角"——在那里，孩子浮想联翩，发展着自己的思维和想象力……

（2）通过生活美。

人际关系

美育最重要的任务，就是教会儿童从周围世界的美和人的关系的美中看出精神的高尚、善良和诚恳，并在此基础上在自己身上确立这种美。[②]苏霍姆林斯基指出："如果孩子对他的同学、朋友、母亲、父亲以及他所遇到的任何一个同胞的心境怎样，都毫不关心，如果孩子不善于从别人的眼神中，观察出他的心情怎样，那么，他永远也不会成为一个真正的人。我竭力要把我的学生的心灵磨炼得

---

① 苏霍姆林斯基：《学生的精神世界》，教育科学出版社，1981，第201页。

② 肖甦主编译：《苏霍姆林斯基教育智慧格言》，人民教育出版社，2014，第222页。

敏锐，使他们能从人们的眼神中察觉人们的情绪、心境与喜忧，而不论他是与自己朝暮共处的还是邂逅相遇者。①

"对小孩子来讲，认识世界是从认识人开始的。父亲用什么口吻和母亲说话，他的眼神和举止表达什么感情，已经在向孩子揭示善与恶。"②家庭中能否相互尊重，相互理解，相互帮助，对孩子来说，是美的世界的重要内容。

学习

人在智力上的深入发展，是丰富审美需求和审美感的一个重要条件。因此，审美教育意味着向孩子广泛介绍世界文化成就，介绍人类文化珍品。一个人如果从童年时期就感受到美的教育，特别是读过一些好书；如果他善于感受并高度赞赏一切美好事物，那么，很难设想他会变成一个冷酷无情、卑鄙庸俗、贪淫好色之徒。美，首先是艺术珍品，能培养细致入微的性格。性格越细致，人对世界的感悟越深刻，从而对世界的贡献也越多……

情趣

家庭生活应该有许多情趣。人生不但要有意义，还要有意思。例如童话与美是分不开的，并有助于美感的培育，没有美感，就不能想象有高尚的心灵和对他人的不幸、悲伤和痛苦的真诚的同情心。"借助童话，孩子不仅用智力，而且也用心灵认识世界。同时，不仅认识，而且对周围世界的事件和现象作出反响，并表达自己对善与恶的态度。关于正义和非正义的最初观念是从童话中汲取的。最初的思想教育也是借助童话进行的。只有当思想体现在鲜明的形象中时，儿童才能理解它。"③

山东滨州有一位老爷爷，他很喜欢写诗词，就有意识地把它运用到家庭教育上来。每当小孙子在生活中出现了"重要事件""典型事件"，甚至犯了错误，他不是一般地说一说，而是写一首诗，声情并茂地朗读给大家听，这种美育的方法，把大家的美好情感都调动起来了，效果非常好。

以上内容都属于家庭文化生活。家庭文化主要是家庭教育以及其他文化生活。这里还包括家庭学习的制度、习惯，家庭体育、娱乐活动的安排，建立家

---

① 苏霍姆林斯基：《育人三部曲》，人民教育出版社，1998，第95页。

② 苏霍姆林斯基：《育人三部曲》，人民教育出版社，1998，第23页。

③ 苏霍姆林斯基：《育人三部曲》，人民教育出版社，1998，第188页。

训、家规，以形成良好的家风。

（3）通过艺术美。

在家庭进行美育，也必须重视艺术教育，因为艺术教育是美育中最主要的内容和手段。艺术教育包括语言艺术教育、造型艺术教育、表演艺术教育和综合艺术教育。

音乐、旋律、乐音之美，是人的德育和智育的重要手段，是心灵高尚和精神纯洁的源泉。音乐能使人看到大自然的美、道德关系的美、劳动的美。人借助音乐不仅可以认识周围世界的美，而且也可以认识自身的崇高、壮丽和美好。音乐是自我教育的有力手段。[①]

孩子是未成熟主体，他们的发展，外因是变化的条件，因此家长不能消极等待孩子自然成长，而是积极发挥主导作用，要善于设置条件，给孩子的成长提供美育的平台。

教育不可能单独发挥作用。美育实际上不能离开德育、智育、体育。例如全家去接触大自然，肯定有爬山、涉水等，这是体育活动，也离不开对世界充满奥秘的了解，这是智育，更会在这个过程中体悟到人与大自然的关系，全家人互相关照的关系——这就是德育。

所以，家庭美育提供的往往是综合的教育内容与方法。例如：

举办家庭汇演。平日里，每个家庭成员都有自己的艺术爱好，家庭如果能够安排定期或者不定期的汇演活动，就提供给每个人展示自己才艺的机会，同时推动相互交流。这里不仅有音乐舞蹈，也可以有话剧、诗歌朗诵，还可以有杂技魔术……

编写家庭杂志。全家每个人创作的文学作品，可以在自办的家庭杂志发表；杂志出版的工作，根据能力的大小，分工负责，有人可以配插图，有人可以负责编辑，有人可以搞装订……

创设家庭展览。展览的内容，既可以是家庭成员的故事，也可以是家庭历史的介绍，还可以是评论家庭里的热门话题。根据家庭成员的特长，还可以举办有主题的展览——例如摄影展览，邮票展览。这种展览和平时随便放在家中的资料不一样，需要动脑筋，进行编辑，进行美化。

① 苏霍姆林斯基：《育人三部曲》，人民教育出版社，1998，第66页。

组织家庭旅游。家庭旅游应该逐步加强深度。选择内容好、品位高的地方旅游；家庭成员应该有不同的"备课"。有的提前收集旅游点历史资料，有的准备对当地风土人情的调查提纲，有的计划好购买哪些特产，提前排练好与当地居民交流的文艺节目。旅游中还应该有家庭的创造性活动，例如，沿途有感而发的诗歌、摄影创作，旅途中有主题的小比赛，等等。

（三）社会美育

1. 大自然的美使袁隆平一辈子投身农业

科学家袁隆平之所以一辈子投身农业，就与审美关系密切。袁隆平回忆道：六岁时，母亲带他去果园。他惊叹"那一切，实在是太美了！"。他后来最终下决心——一定要攻读农业专业。

事情是这样的：

> 袁隆平6岁那一年的初秋季节，他随母亲到汉口郊区一家果园去游玩。对于在城市里住惯了、从没见识过农村果园的袁隆平来讲，那简直是一次神奇美妙的大自然之旅。母亲牵着他的手，他蹦跳着走在繁茂稠密的果林里。红红的桃子挂在树梢，绿绿的葡萄像一串串碧玉，果树之间的空地上，间种着在那个年代还稀有的西红柿。毛茸茸的枝杈上，结着红、白、黄、绿几种颜色的果实，真是美极了。还有那片片竹林……

> 幼年的袁隆平爱上了这美丽的果园，爱上了这绿色的世界，他实在不愿离开这里。正如袁隆平后来所说："从此，每到桃子成熟的季节，我记忆中那个美丽的果园，便飘进我的心灵，满园里郁郁葱葱，到处是鲜艳的果实。我觉得那一切实在是太美丽了！美得我当时就想，将来我一定要去学农。"

> 没有指点江山的豪情壮志，没有功成名就的意气风发，有的只是质朴的表白，有的只是对美丽的特别感悟与无悔执着。可见当年，这片美丽的记忆，成了中科院院士、中国"杂交水稻之父"——袁隆平心中永远挥之不去的情结与梦幻。

大自然的美，为什么有这么大的威力？

苏霍姆林斯基曾经指出："美能够自然而然地影响心灵，而且不需要任何解说。"自然美，它天然具备条件，能够以它的魅力直接影响人的内心世界。许多人一接触大自然，都会情不自禁地"哇"的一声，发出来自心底的赞叹。大自然——这个孕育了万物，培育了人类的母亲，以她丰富多彩、千变万化的信息，与每一个人发生着密切的联系，净化着我们的心灵。

大自然既是广袤无垠的，又是精巧入微的。它天然含有这样的条件，因此"大自然的美能培养细腻的情感，帮助感觉到人的美"。学生们对大自然审美的过程，就是他们情感变得更加敏锐和细腻的过程。正像苏霍姆林斯基说的"体验这些极其重要的具有世界观意义的真理的环境、背景，是大自然的美。……少年在认识过程中产生的激动人心的思想的影响下，从情感—审美方面对世界的观察变得更敏锐了。[1]"

大自然的美还能够促使我们进一步思考人生的美。对周围世界的美的观察和感受，会使学生产生一种重要的思想——即世界、大自然和美的生命是永恒的，而我自己只能生活在大自然指定给我的一段时间内，因此，每个人在青少年时期，最重要的就是要考虑应该怎样度过自己的一生。我们教师的工作，如果能够有意识地做好引导工作，大自然的美，就不仅能够培养学生细腻的感情，还能够促使学生进一步思考怎样获得人生的美。

亲近自然美需要注意的问题。

现在的学生们，如果天天在熙熙攘攘的大街上奔忙，在垃圾食品的享用中成长，在水泥森林的城市里度日，在网络电视的陪伴中去幻想，这样势必会成为没有"根"的一代。他们缺少仰望茫茫夜空的经历，很难理解宇宙的无限性，他们很少在春夏秋冬中观察各种生命现象，就得不到多样性的精神滋养，所以当代的学生急切地需要亲近大自然。

亲近大自然，还不是简单地走向大自然，需要注意下面四个方面的问题。

第一，亲近自然美的时候，要与劳动和思考结合。

我们教师都有这样的经验，并不是仅仅把学生们带到自然环境中，他们就必然受到教育。虽然校园里有许多花草树木，但是由于学生们没有亲自参与对它们

[1] 苏霍姆林斯基：《育人三部曲》，人民教育出版社，1998，第602页。

的服务和管理，就不可能产生感情，也就谈不上什么教育；相当多的学校组织的春游、秋游，由于指导思想不正确，虽然去的可能是有名的景点，但是教师没有引导学生们去观察、调查和思考，也就没有什么收获，甚至有些学生竟然把品尝食品当作春游、秋游的主要内容，这就更远离了美育。

苏霍姆林斯基十分强调教育的统一性："少年必须经常接触大自然，生活在大自然中。智力世界、劳动和大自然的有机统一是特别重要的。"①"对科学真理和规律性的逻辑认识，需要思想在情感的感染下变得更崇高。使思想变得更崇高的源泉之一是大自然的美，因为对少年来说，思想、认识和发现真理的源泉也是自然界。"②

学校与家庭进行活动，一是要注意在引导学生到大自然的时候，不要忘了让学生亲自参与劳动。哪怕在景点捡拾垃圾，为花草浇水、除虫，也比单纯地赏花观景，更能触动他们的心灵。因为，只有通过自己亲身实践，美化了大自然，改变了大自然，才能增加与大自然的感情，才能发现自己的本质力量。二是在亲近大自然的时候，要启发学生们学会思考。"教育的任务就是要使少年在与大自然的交往中发展自己的智力。激发创造性，这在少年的精神生活中是很重要的。"③学生观察到大自然的春夏秋冬，一棵小草的成长、衰败，才能对书本上讲的一切事物都有发生、发展和消亡的自然规律有所感悟，才能进一步思考世界是怎么一回事，人生是怎么一回事。

第二，年龄不同，方法不同。

苏霍姆林斯基指出不同年龄学生的审美认识不同："少年期的审美认识和对大自然的理解，比童年期复杂得多。如果说儿童只是单纯地欣赏周围环境的美，那么，少年在赞叹美的同时已不能不去思考，不去刨根问底地探索这种美的源泉。"④

小学、初中和高中教师在进行审美教育的时候，务必认真思考年龄特点，采取恰当的方法。例如，人生的根基是在儿童时期扎下的。在儿童期要培养和发展对一切有生命的和美的东西的同情心和怜悯心。这时候要学会观察日出、日落时

① 苏霍姆林斯基：《育人三部曲》，人民教育出版社，1998，第606页。
② 苏霍姆林斯基：《育人三部曲》，人民教育出版社，1998，第602页。
③ 苏霍姆林斯基：《育人三部曲》，人民教育出版社，1998，第606页。
④ 苏霍姆林斯基：《育人三部曲》，人民教育出版社，1998，第606页。

朝霞和夕阳的美，观察清晨蜻蜓怎么从壳鞘中蜕出，在接受阳光照射后，振翅高飞……他们从内心深处，产生了一种强烈的感情：要保护好世界上这些美好的事物。

而初中学生，则会透过大自然美的现象，思考后面的规律。"在少年面前，揭示着这样一些科学真理，如物质的永恒性、宇宙的无限性、能量从一种形态转化为另一种形态、生物和非生物的统一。洞察这些真理的本质，对少年来说是多么鲜明的、多么出乎意料的发现……"①这些思考将引导初中学生发现世界是一个和谐的、丰富多彩的、美的整体，将使他们逐步建立正确的、深刻的世界观。

在高中阶段，则需要将思想逐步系统化、理论化。那些碎片化的知识和各自独立存在的理念，已经不能满足高中学生进一步发展精神世界的要求了。

有调查表明：从小学到大学，其中高中、大学阶段"依据社会舆论和流行时尚"作出审美判断的最多，这说明他们在思想逐步系统化、理论化的过程中，虽然超出了"依据兴趣和爱好"比较低层次的审美判断水平，但是还没有达到比较深刻的境界，缺少真正的独立见解。通过美育使高中学生在人生观、世界观方面进一步得到提高，是我们高中教师的任务。

第三，要有恰当的运行机制和阵地。

如果学生"善良感迟钝、没有想变得更好的真诚的愿望"的时候，即使来到大自然的环境中，他也感受不到大自然的奥妙和美好。因为在这些学生的内心世界中，还是茅草丛生，空虚得很。这里，教师事前进行细致的铺垫工作是必不可少的。

苏霍姆林斯基还指出："只有当学生自己善于与自然的美单独相处时，与大自然的交往才能展开其全部的审美教育的可能性。"②比如，有意识地引导学生在学校或者家中建立的"美丽角"里读书，在大自然环境中爱上自己喜爱的一块绿色草地、一个葡萄园……

可以说，盲目地走进大自然，就不如有目的地去观察大自然；而单纯观察大自然，又不如亲自去养护一棵树，通过不断地与树木亲密交往，让大自然成为陪

---

① 苏霍姆林斯基：《育人三部曲》，人民教育出版社，1998，第602页。
② 苏霍姆林斯基：《育人三部曲》，人民教育出版社，1998，第606页。

伴他成长的好朋友。

第四，在真善美和谐发展中，大自然的美才起作用。

大自然的美，在培养高尚的精神方面起的作用很大。它能够在学生的心灵中培养起对事物、现象和人们心灵活动的各种细微的表现和差别的感觉和感知能力。

大自然的美和一些科学规律有相通之处，因此，美也可以启真。科学家狄拉克说过："有时候，如果遵循你的本能提供的通向美的问题而前进，你就会获得深刻的真理，即使这种真理与实验是相矛盾的。"哲学家海德格尔也认为"艺术让真理脱颖而出"。

大自然也是善的源泉。只不过是，当年轻的心灵在人的崇高的美（善良、正义、人道、同情心、疾恶如仇）的感染下变得高尚时，大自然的美才能影响人的精神世界。

为什么是这样呢？苏霍姆林斯基解释道："人的尊严感的迟钝，会使一个人看不到大自然的美。作为进行情感教育、审美教育和道德教育的一种手段，大自然的美，只有在对人的个性施加精神影响的所有手段普遍和谐的情况下，才能起作用。"

对于少年来说，大自然的美，首先是培养审美知觉修养的学校。"大自然的美能培养细腻的情感，帮助感觉到人的美。我认为自己的教育任务，就是要使在童年时代在与大自然交往的过程中获得的情感—审美财富，到少年时代作为人的一种最深刻的需求进入少年的精神生活，使少年对大自然的美的认识比童年时代更深刻，促使少年去认识自己身上的美的、崇高的东西，促使他去肯定人的尊严。在认识大自然的绚丽多彩的美时，男孩和女孩们体验到充满了生命活力的精神力量，渴望去认识日新月异的审美财富的源泉。"[1]

苏霍姆林斯基的这一段话，全面论述了在真善美和谐发展中，大自然的美是怎样起作用，它正是我们开展美育活动中需要不断学习和汲取的重要思想。

2. 汉字之美

汉字是中华民族文明的重要载体，也是世界上最富有美感的文字。汉字虽小，但是它是中华文明的源头，是中华文明最小的承载体。因此，要想继承中华

---

[1]　苏霍姆林斯基：《育人三部曲》，人民教育出版社，1998，第601页。

民族的文化，最基本的就应该是学习汉字、用好汉字。

汉字之所以能够流传至今，它的美应该是重要原因之一。汉字之美，可以说是世界之最。我们每一个炎黄子孙都应该认真学习汉字、研究汉字，体会汉字蕴含的美，善于运用汉字向世界表达一切美，并且以此为骄傲！

汉字是世界上最古老的文字之一，对周边的影响也是非常巨大的。在东亚汉文化圈内，借用、借源于汉字创造出来的本民族文字，形成了"一母多文""一文多语"的汉文字书写传播圈。

汉字是记录事件的书写符号，在形体上，逐渐由图形变为由笔画构成的方块形符号，所以汉字一般也叫"方块字"。中国地域广大，虽然口音各异，却共同使用着统一的汉字，这不能不说，它对中华民族文化的流传起了重大的作用。

中华文化博大精深，源远流长，为什么小小的汉字竟能够承载得起如此重任？

有人说："一个象形字，就是一幅画；一个会意字，就是一个故事；一个指事字，图文并茂；一个形声字，音像俱备。"此话的确很有道理。汉字具有集形象、声音和词义三者于一体的特性。这一特性在世界文字中是独一无二的，因此它具有独特的魅力。汉字是汉民族几千年文化的瑰宝，也是我们终生的良师益友，更是每个人的精神家园。在生活中，汉字往往可以引起我们美妙而大胆的联想，给人美的享受，使用汉字，已经是每个中国人生活中不可缺少的内容。

汉字更是中华民族灵魂的纽带。在异国他乡，汉字便成为一种精神寄托，哪怕是一块匾额、一个指路牌，甚至一张小纸条，上面的方块字也会像磁铁般地吸引着你，让你感受到来自祖国、来自故乡的亲切。因为中国人的情思已经浓缩为那最简单的横竖撇捺。每一笔都饱蘸着世世代代先人的心血。

中华民族历来就有尊重汉字的传统。记得我小时候，长辈反复叮嘱：凡是写过字的纸不能乱扔。我也看到有人在街上背着一个筐，上有条幅写着"敬惜字纸"，那是在专门劝诫人们尊重汉字，认为汉字有神奇的魅力，对它不能等闲视之。可见尊重汉字，有时候几乎达到崇拜的程度。

鲁迅先生曾说过，汉字有"三美"：音美以感耳，形美以感目，意美以感心。这"三美"统一于汉字。汉字的字形跟字义、字音之间有一定的联系，汉字是形、音、义的结合体。概括起来说：汉字美在形态如画、音韵如歌、灵性如诗。

形态美

"中国古代的象形文字，它既是文字，同时又是一种合乎美的形式规律的创造。这正是中国文字发展成为一种艺术的根本原因。"[①]

汉字的形态美，表现在不论是甲骨文的古朴，金文的高雅，篆书的委婉，隶书的端庄，还是楷书的方正，行书的潇洒，草书的飞动，带给人的都是美感。

汉字的结构美，圆润有力度，讲究"平、奇"，即平稳和有新意。表现在：一是整齐，横平竖直是基础；二是参差，错落有致，疏密不同，不重复——直不等长，曲不同态；三是定动结合；四是呼应与避让结合。（如烈字下面四个点，互相呼应，并不是在一个方向上）

音韵美

有人把汉字比喻为凝固的音乐、思想奔流的河床。汉字的书写，通过笔画的大小、粗细、疏密，构成一种韵律，也能表达自己的感情。

有人把汉字比喻为交响乐队的协奏、心灵之声的呐喊。一般地说，一个汉字代表一个音节。有时一个音节，有好多个汉字来记录，如"xi"音节就有"夕、汐、西、息、悉、昔、犀"等；"yu"竟然就有迂、淤、于、鱼、语、与、雨、育、玉、遇等近百字。有些字可以通过声旁确定大致的读音，如"张、帐、怅、账、胀"等，"长"就是这组字的声旁。

字还有平声、仄声，平声、仄声中又有阴平、阳平、上声、去声，过去还有入声。声音有高低强弱、长短起伏，读起来或慷慨激昂、热情奔放，或妩媚温婉、娓娓入耳。让你心娱神悦、妙不可言。中国字的音韵美，尤其是四声，是全世界很少有的一个特色，往往也是外国人最难掌握的部分。

说汉语让人更有乐感

一个由国际研究人员组成的团队，在一篇研究文章中指出，在三至五岁的学龄前儿童中，母语为汉语的孩子，能够比母语为英语的孩子更好地处理音乐中的音调。这项研究表明，在一个领域学习到的大脑技能，能够影响另一个领域的学习。研究人员对年龄相仿的年幼汉语学习者和英语学习者进行

---

① 李泽厚，刘纲纪：《中国美学史》，安徽文艺出版社，1999。

了两项单独的实验。他们测试了180个孩子的音调升降曲线和颜色。讲英语的测试者和讲汉语的测试者，在音色方面表现相似的情况下，讲汉语的孩子在音调方面的表现明显胜出。

汉语是一种音调语言。在音调语言中，一个字的音调，不仅能够传达出不同的强调内容和情感内容，而且能够表达完全不同的意思。例如，取决于说话者的音调，汉语音节"ma"可以表示"妈妈""马""大麻"或"责骂"等意思。这项研究的作者总结说，正是这种对音调的语言学关注，令说汉语的孩子能够在感知音乐的音调方面占据优势。

意蕴美

汉字之美，一方面是造型，流传了三千多年，已经基本固定下来；而另一方面，是每个字的内涵，这却是可以不断挖掘、不断创新的。

中国汉字"横、竖、点、撇、捺、勾"奇妙组合成几万个不同的字形，它们不是僵硬的符号，而是有着独特性格的精灵。每个字都有不同的风韵。"太阳"这个词，让你感到温暖和热烈，"月亮"又使人眼前闪耀着清冷的光辉。"哭"字一看就像流泪，"笑"字一看就像笑逐颜开的样子。

会意字比象形字更好、更美，是因为祖先造字时，渗透了更多的智慧。汉字的意义生成常常是"言有尽而意无穷"。例如，"习"字代表了天空中有一大一小两对羽翼，那是母鸟在带领小鸟学习飞翔。一个"盗"字，是对一个人看到器皿中的财富流下口水的生动写照。

汉字见证了五千年辉煌灿烂的中华文明，凝聚了丰富深厚的华夏文化，是中华民族源远流长、富有生命力的文化载体。让中华民族的世世代代铭记汉字书写之优美，挖掘汉字文化内涵，传承汉字艺术精髓，提升汉字文化的影响力和传播力，是我们每一代人，尤其是教师必须完成的使命。

（1）从认字开始，欣赏汉字之美。

每个孩子天生爱美，而汉字之美，正好符合了他们的需要。只要教育得法，孩子们就能够在愉快的审美过程中，自然而然地掌握了汉字。我们每个人都可以回忆起小时候认识"山""日""月"字，根本不需要死记硬背。

（2）结合运用汉字，理解汉字之美。

认识一个个汉字是学好母语的基础，但是真正掌握母语，是在长期的运用汉字的过程中逐步实现的。通过学习诗词歌赋、谚语寓言、历史文献，通过用汉字写文章，表达自己的思想感情，我们不仅继承了中华文化，也进一步理解了汉字之美。

（3）深入学习汉字，继承中华文化精髓。

字如其人。一个人的性格或急躁、或沉稳，都直白地流露在笔尖的墨迹里，这是书写各种文字共有的特点。但字体作为一种艺术，尤其是书法，却是中国独一无二的。"羲献父子、颜筋柳骨、颠张醉素"，使书法作为文人的技能，登入了大雅之堂，也早早地跻身"琴棋书画"四技的行列。因此，通过汉字还能看出每个人的文化水平和道德修养。还可以说，练习写汉字，本身就是修身养性的良药。

书法给孩子的不只是一手好字

几年前，一个小男孩因为作业本上的字写得实在太难看，班主任特地找到我，说让这个孩子进书法小组跟我练练字。……辅导了一段时间，他的毛笔字逐渐变得有模有样，他开始参加市区级的书法比赛，并且取得过很不错的成绩。

往日那个喜欢在楼道里追跑打闹、满地打滚的孩子变得安静了；往日那个竟是红杠的作业本上对钩增多了；往日那个学习一直不怎么靠谱的孩子，成绩提高了。

……毕业之后有一次他妈妈和我聊，说自从学了书法，他就像换了一个人，学习踏实了，做事认真了，以前不好的习惯慢慢地没有了，什么课外班都没有报，唯独喜欢书法。

这些年我处在教学一线，我碰到不同秉性的孩子千千万，总是认为学习书法的孩子有所不同。他们认真、细心、刻苦，做事一丝不苟。书法有一种魔力。准备工具，培养学生不急不躁、沉着冷静的心性；临摹字帖，培养学生认真观察、敢于表现的能力；书法创作，培养学生追求完美、热爱艺术的品格。一旦拿起毛笔书写，心就会被吸引，专注力就会提升，全身心地投入。眼、脑、手的配合，提高学生的理解力、接受力、想象力和创造力。

孩子从小学习书法，不仅能够提高他们的书法素养和艺术修养，更重要的是能够培养他们严谨和踏实的学习态度和良好的学习习惯。那些学习书法的孩子道德品质高尚，性格开朗，身心健康，善于交往，他们的学习成绩也是很优秀的。一旦养成了良好的学习习惯、认真的学习态度，对其今后的发展都是很有益处的。书法带给他们的，不仅是一手漂亮的字，那些潜移默化的好处，将伴随他们智慧的一生。

中华文化离不开汉字，学习汉字必然有助于继承中华文化精髓。这里面不但涉及美学，还涉及人类学，甚至中国哲学。

（4）钻研书法艺术，开创汉字新发展。

中央美术学院中国画学院教授刘涛介绍，在古代社会，文字书写的实用性和艺术性之间并无泾渭分明的界限。东晋书法家王羲之的《兰亭序》、唐朝书法家颜真卿的《祭侄稿》，当时不过是信笔写下的文章，经意于文，无心于书，却成为书法史上的经典之作。

毛笔书法贵在"气韵生动"。书写有"法"，法是千百年中历代书法家积累的用笔技法与书写规则；书写有"道"，它表现着书写者优雅从容的心灵。书法是中国人独有的文化密码，在笔势流动中，书法之美与诗文心性相通，涵养着国人的品格。千百年来，书法的美学标准代代相传，虽有演变，不离其宗。当硬笔取代了毛笔，书法的间架结构、运笔方式等还有所保留，写字还是一种习惯。但是，当键盘取代了手写，远离了握笔，没有提、按、转、折，生疏了一撇一捺，书法之美如同空中楼阁。

梁启超曾说，中国人的"写字"有四美：线的美，光的美，力的美，表现个性的美。林语堂在《吾国吴民》中也谈到"书法提供给了中国人民以基本的美学"。中国艺术研究院研究员李一将书写性、艺术性、文化性、时代性列为当代书法的评价标准。他说："书写规范、章法得当、文辞精妙、格调高雅，这些是我们对于古代书法艺术必须传承的基本规范。随着时代的发展，我们还提出一些新的标准，比如当代书法的公共性增强，在高堂大厅展出时，还强调'展陈和谐'等。"

书法界虽然呈现许多"乱象"，但我们要看到，书法的活跃，毕竟是好事。能够书写，愿意书写，百花齐放，对于书法艺术利大于弊。①

随着电脑的普及，汉字不但没有被淘汰，反而被发现有某些优于拼音文字的长处。当然，传统书写方式受到冲击，汉字艺术的继承和发展也面临很多新的问题。在文化创意产业蓬勃兴起的当下，如何注入新的活力，为汉字开创出有别于其他文字语系的出路与方向，更是显得急迫与重要。

总之，汉字书法作为一种特殊的审美信号系统，传导着中国人的文化心理和审美人格。②它应该成为美育的重要组成部分。我们的教师应该热情地引导学生学会汉字、用好汉字，把中华民族的优秀文化继承和发展下去。

3. 诗词之美

中国是诗的国度，诗词在中国文学创作中处于核心地位，悠悠五千年，它有着光辉灿烂的历史。当前学习诗词，是继承中华民族文化传统的一个重要途径。它的作用应该不亚于读《论语》《弟子规》；学习诗词更是培养审美能力，进一步塑造完美人格的重要方法。

通过学习诗词进行美育，对于人的成长有着深远的影响。诗词专家叶嘉莹先生认为，对小孩子进行传统文化教育非常重要，他称自己从小学习诗歌，是古典诗歌的受益者。他认为这种受益，不只是自己会吟诗写诗，更重要的是对为人处世、修养性情都有相当的影响。所以他一直强调，教小孩子诵读中国的古典诗歌是非常重要的事情。

纵观中国历史，一些有成就的人往往是热爱诗词，饱读诗词，善写诗词，能够从诗词中陶冶性情，汲取力量。例如古代的曹操、屈原；近代的鲁迅、毛泽东；数学家中的华罗庚；教育家中的陶行知……

在中国，诗词已经深深地融入人们的日常生活。在中秋佳节，人们心中不由得念起"每逢佳节倍思亲"；在大雪天，人们情不自禁地吟诵"北国风光，千里冰封，万里雪飘"；在爬山时，人们总会读出"会当凌绝顶，一览众山小"……

（1）诗词之美，表现在什么地方？

人们对诗词的总体评价，历来都非常高。古人说："正得失，动天地，感鬼

---

① 于园媛：《书法的美学标准变了吗》，《光明日报》2017年3月1日。

② 肖云儒：《中国书法的文化意义》，《中国艺术报》2016年10月14日。

神，莫近于诗"；今人说："诗比别类文学较严谨、较纯粹、较精微。"

从审美角度看，诗词之美表现出五个特点。

语言美

语言是诗歌的载体，诗词的语言是最凝练的。有人把诗词中最精彩的词语叫作"诗眼"，因为它好像人的眼睛，最能传神，如"春风又绿江南岸"的"绿"字的形象，"随风潜入夜"的"潜"字的精妙。

杜甫的《登高》，"无边落木萧萧下，不尽长江滚滚来"中的"无边""不尽"，使"萧萧""滚滚"更加形象化，不仅使人立刻联想到落木窸窣之声、长江汹涌之状，而且也在无形中传达出了韶光易逝、壮志难酬的悲怆。

再如元人马致远的《天净沙·秋思》"枯藤老树昏鸦，小桥流水人家，古道西风瘦马。夕阳西下，断肠人在天涯"，短短五句，不仅把凄凉、衰败的景象刻画得入木三分，也准确传达出旅人凄苦的心境。

柳永《雨霖铃》中的"执手相看泪眼，竟无语凝噎"运用白描手法，生动地再现了不得不别的情景，一对有情人，紧握双手，泪眼凝视，哽咽无语。这两句把彼此悲痛、眷恋而又无可奈何的心情表达得淋漓尽致。

韵律美

诗词注重押韵、平仄、对仗，读起来朗朗上口，有节奏，有变化，有起伏，有波澜，具有抑扬顿挫的韵律美。

从中国诗词的发展史来看，开始时诗和乐是不可分的，发展到词则更为明显，称之为依声填词。随着诗词和乐曲作为不同的艺术门类而分离，运用汉字四声五音之别，直接创造出诗词的"音律之美"的方法，却得到进一步发展，成为中国古典诗词的传统特色。

所谓平声"哀而安"，上声"厉而举"，去声"清而远"，入声"直而促"，就是诗人充分运用汉字的四声变化，来更为精确地表达自己的思想感情，使中国的古典诗词体现出一种"音律之美"。只有领略了诗词的"音律之美"，才能更好地、完整地领略诗词之美。[①]

[①]　顾咏梅：《浅谈古典诗词教学中的审美教育》，《扬州大学学报》2015年。

情感美

刘勰在《文心雕龙》中说："夫缀文者情动而辞发，观文者披文以入情。"[①] 脍炙人口的诗词名篇之所以能流传不衰，产生动人的美感，最重要的一点是诗词有机地融进了作者独特的情怀。

学习诗词，就需要深入理解作者的思想感情，体味诗词中的情感美。如屈原"路曼曼其修远兮，吾将上下而求索"，其中的刻苦坚忍、执着追求的精神；李白"安能摧眉折腰事权贵，使我不得开心颜"，追求个性自由和蔑视权贵的精神；杜甫"会当凌绝顶，一览众山小"的不怕困难勇攀高峰、俯视一切的雄心和气概；苏轼"大江东去，浪淘尽，千古风流人物"的豪迈与旷达；王维的"劝君更尽一杯酒，西出阳关无故人"的悲壮与深情；王勃的"海内存知己，天涯若比邻"的豁达与深刻……

意境美

意境，是指作者将自己的审美体验、内心情感，与经过提炼加工后的生活图景融为一体而形成的一种艺术境界。例如：

《春望》

杜　甫

国破山河在，城春草木深。

感时花溅泪，恨别鸟惊心。

烽火连三月，家书抵万金。

白头搔更短，浑欲不胜簪。

这八句诗，情景交融，把读者带入一个感人至深的境界——一个忧国忧民的白发老人，看到国家败落的景象，感到花朵都会落泪，小鸟悲鸣让人心碎。悲愤的老人，只能天天痛苦地搔头，以至白发脱落得无法用簪子别住。作者在这首诗中营造的意境，会使读者内心产生强烈的共鸣。

再如，女中豪杰秋瑾写过许多优美诗词，但在临刑前，只写了七个字的一句诗："秋风秋雨愁煞人。"表面看，这好像只是描写秋天的景色，让人发愁。如果

---

① 刘勰：《文心雕龙》，上海古籍出版社，2010。

联想到当时的历史背景，你就会进入一个悲壮的意境。

如果再读一读她早期的诗作《对酒》："不惜千金买宝刀，貂裘换酒也堪豪。一腔热血勤珍重，洒去犹能化碧涛。"就会感悟到，秋瑾早就下定决心用自己的鲜血挽救世界，但是，当时她面对的世界竟是如此黑暗，那七个字表示的正是自己的极度悲愤。

人格美

"诗言志"是诗的特质。有人问："诗词有什么用？"诗词专家叶嘉莹回答："就是使你的心灵不死。"歌德也曾说过："在艺术和诗里，人格确实就是一切。"

塑造完美的人格，既是审美教育的出发点，又是审美教育的最终目的。学习诗词也不例外。诗词的品格最重要的是透彻地表达了心灵美。"诗词的精妙在于不脱离人，不遁于世。"语言美、韵律美、情感美和意境美，最终都是为了表达人的精神世界，尤其是表达丰富而深刻的人生体验和人生境界。

诗人郭小川的《青松歌》，以雄奇的笔调，咏叹青松，描摹人生，读来感人至深："绿荫哟，铺满山路；香气哟，飘满峡谷。青松的心愿啊，装满咱们的肺腑！而青松啊，决不与野草闲花为伍！一派正气，一副洁骨；一片忠贞，一身英武。风来了，杨花乱舞；雨来了，柳眉紧蹙。只有青松啊，根深叶固！"写出了青松的高风亮节，歌颂了青松的美好品格。

杜甫《茅屋为秋风所破歌》中，"安得广厦千万间，大庇天下寒士俱欢颜"；"何时眼前突兀见此屋，吾庐独破受冻死亦足"表现了诗人的博大胸襟。

文天祥的《过零丁洋》中，"人生自古谁无死？留取丹心照汗青"表达的是悟透了人生意义的一种崇高美。

谭嗣同在菜市口临刑时，高喊就义诗："有心杀贼，无力回天，死得其所，快哉快哉！"更是一种惊天动地的壮烈之美。

（2）怎样学习诗词之美？

我们虽然生活在诗的国度中，但当前，学生学习诗词的状况却令人担忧。有一项在高中一年级、二年级300名学生中进行的调查表明喜欢诗词的约占52%，而令人奇怪的是另外的三个调查数据：平时不读诗词的竟然有59%；不愿意上诗词课的有40%，认为"上诗词课，对提高审美能力没有帮助"的占49%。这看似矛盾的百分比，在最后一项调查数据上找到了答案——学习诗词的目的是"为了考试"的占71%!

由此可知，不是学生们不爱诗词，而是应试教育思潮的幽灵把他们引错了路。这是当前开展美育最大的问题，也是美育首要解决的关键。

许多教师通过诗词教学开展美育取得了大量的经验。最为主要的是主张美文需要"美教"，因为美只对心灵开放，"教师的每一句话，应成为一种情感—审美的刺激因素，能激发出富有诗意的思维。只有有了富有诗意的思维，才能对人的美产生深刻的审美感。"①

建议教师采取以下措施引导学生：

亲近经典

选择优秀的诗词作品学习，是一种重要的审美态度。"如果我们相信教育的强大力量，那么产生这种信念的最重要的源泉之一就是诗歌的美，诗歌的语言反映着经过数百年的锤炼才达到的人类语言智慧的深度。"②

在中国传统文化中，大量的经典作品就是经过几千年人民的筛选积淀下来的。教师需要通过介绍诗词产生的背景，作者的精神面貌，不同风格的气势，引导学生去接触经典，亲近经典，喜爱经典。

耳濡目染

有经验的教师，主张"美读"，即抓住诗词中关键的词语，引导学生细细咀嚼品味，反复体悟诗词之美。这个过程是审美的准备阶段——审美注意。通过耳濡目染，又让诗词教学真正发挥"母语对后代的精神哺育"的作用。

激发想象

进入审美、立美的实现阶段——教师就需要引导学生参与进来，并善于激发学生的想象力。中国诗词的特点是诗中有画，通过品读诗句，学生想象出各种意境并不是很难。对于比较含蓄的诗词，学生通过相互交流自己的想象，加上教师的引导，也会达到互相启发、深入一步的效果。

激发审美想象的另一个方法就是改写。鼓励学生改写，既可以深化对诗词的理解，也可以锻炼自己的想象力。

---

① 苏霍姆林斯基：《育人三部曲》，人民教育出版社，1998，第629页。
② 苏霍姆林斯基：《育人三部曲》，人民教育出版社，1998，第608页。

纵横比较

通过比较，可以从多角度掌握诗词之美。首先是诗人与诗人的比较，李白的"飘逸""狂放"与杜甫的"沉郁""严谨"是不同的美；其次是诗与诗的比较，台湾著名诗人余光中先生的《乡愁》，杜甫的《春望》，都是抒发思念祖国、家乡之情，然而又是不同的表现风格。

再有是跨界的比较。中国的文、史、哲不分家，诗、画、歌有融合。当我们引导学生欣赏诗词的时候，如果能够同时引导他们欣赏相关的绘画与歌曲，融会贯通，肯定有助于他们更好地掌握诗词的奥妙。

善用传媒

进入信息时代，学习诗词也需要巧妙运用当代的传媒手段。当代学生对音乐、歌曲接触比较多，完全可以从这里入手，引导学生欣赏、理解诗词。运用现代化的各种传媒手段，帮助学生了解诗词的历史背景，理解典故。

当然这个方法要使用得当，不能喧宾夺主。学生时代追求美，有利于引导他们进行自我教育，使自己完善起来。这时候，教师能够积极地、耐心地引导他们开阔眼界、深入思考、追求美的人生，是使学生提高审美、立美能力的重要条件。

鼓励创造

学生掌握诗词等各种艺术作品，不应该停留在单纯被动地接受，应该有四个层次的逐步升级：汲取、理解、评判、创造。美育的本质是解放，是心灵的开放。有了创造的激情，学习诗词才可能主动投入。

从改写过渡到自己创作，需要教师的点拨和鼓励。首先是鼓励学生大胆发挥自己的想象力，用诗词的形式表达出来。一开始大致押韵即可，不必太拘泥于平仄，然后再学习韵律，逐步达到比较理想的层次。

4. 服饰之美

服饰是人类文明的重要标尺，在人类历史中，它为什么始终保持着旺盛的生命力呢？最主要的原因是"爱美之心，人皆有之"。孟子就说过："口之于味也，有同耆焉；耳之于声也，有同听焉；目之于色也，有同美焉。"并认为这是"人情之常"，是"天下之所同嗜"。俄罗斯文学家契诃夫也说过："一个品质高尚的人，永远是年轻和美丽的，人的一切都应该是美丽的：面貌、衣裳、心灵、思想。"苏霍姆林斯基指出："人是世界上最美丽的。因此穿着应当突出人的美，衬托人的美。"①

更重要的是，人类对美的追求是越来越强烈。人类社会的不断发展，使人们的审美水平逐步提高；而生产水平的提高，又使人们有更多的条件来美化、装饰自己。

（1）服饰的起源与发展。

从服饰的起源来看，服饰是建立在实用基础上的一种装饰，在生活中体现为实用与审美的统一。最初，实用是主要的，服装可以御寒防晒，遮风挡雨，但是随着人类的进步，服饰功能在审美上的比重越来越大。

在远古时期，低下的生产力使人们只能穿着最简单的服饰。在封建社会，由于封建专制主义制度和小农经济，则产生了等级分明的服饰制度和形式。那个年代，一个普通人胆敢穿上龙袍，就有被杀头的危险。

进入20世纪以来，中国的服饰历经了剧烈的变迁。20世纪上半叶，西风东渐，民主革命风起云涌，封建社会的衣冠等级制度随之解体，中国服饰的发展由古典时期开始转入现代化时期。轻便合身的西式服装，逐渐替代了传统的宽袍大袖；中山装与旗袍，以它中西合璧的风范，成为流行的经典。

新中国成立后，服饰的发展则朝向革命化和素朴化方向演进，中山装与列宁装象征革命和进步，是这一时期的主流服饰。

改革开放以来，服饰发展呈现出多姿多彩、变化万千的风貌，伴随服饰的西化与全球化，传统服饰也有所复兴，中国服饰文化开始走向自觉。

现在，世界正在朝向一个更新的时代发展，有消息说：世界上第一批电子服装很快就会出现在欧洲的各个主要商业区。飞利浦公司与LEVI服装公司投资，历时3年，终于研制成功了将服装与计算机、网络完善结合在一起的高科技产品。这种新式服装极可能在未来成为一种新的服装潮流和时尚，它能够使穿着它的人随时都能保持与互联网的完全连接。

一种夹克衫式的衣服上装有一部移动电话、一个移动音频装备、一个遥控板、一个话筒和耳机。这种服装已在今年伦敦的技术博览会上亮相展出过。专家

---

① 苏霍姆林斯基：《学生的精神世界》，教育科学出版社，1981，第201页。

们预测说，这种"奇装异服"将具有加速技术发展的作用。飞利浦公司的负责人说，他们开发的新产品，还可专门用于对人体健康状况进行实时监控，它的纤维本身可以用作导体，服装的种类，则有可监听胎儿心跳的孕妇装，还有专门用于老年人的外衣，等等。

（2）怎么看服饰美？

服饰研究者华梅将服饰分为四类：一是衣服，有主服（遮蔽躯干）、头服、足服。二是配饰，指起装饰作用，没有遮覆功能的饰品。三是化妆，包括文身、割痕、美容等。四是随件，包括包、伞、佩刀等。

服饰的美，大体可从四个角度进行分析：一是服装的造型、色彩、质料所共同体现的美，它们构成了服装的整体形式。二是衣服与帽、鞋、围巾、手套、腰带、袜子等覆盖件，以及各种服装饰品与服装形、色、质等方面的相互匹配关系，即服装搭配。三是服装与身体外形之间的协调，即服装与人体基本结构的匹配协调程度。四是服装与每个人身体的精神表现方式的切合度。

列夫·托尔斯泰曾经指出："美在仪态万方，美在气度不凡。美不光是一种外在服饰美，更是一种文化。服饰的美在文化，人格的美也在文化，一个人的着装打扮，举止谈吐，无处不显现出你的文化水准。纯朴也是一种美，朴素是美的必要条件。"

服装具有分享性，服饰美是人与人之间的一种审美交流。服装不仅仅体现了个人的趣味，使自己的身体与服饰构成一个审美对象，更重要的是要供人们观赏，要重视周围欣赏者的心理定式。

服装还要讲究穿戴的搭配。服装不但有独特的做法，而且还有各式各样的穿法、戴法，即搭配、组合方法，这些都能带给我们不同的审美效果。

美的服装要重视穿着的整体效果。这种效果可以表现为与众不同，但不能过于做作。服装要在已有人体美的基础上，突出优势，修正造型，表现长处；着装要善于扬长避短，最终考虑整体效果。千万不能遮掩了优点，又暴露了短处和缺点。

着装还要兼顾到自然环境和人文环境。参与活动的人们，应该了解活动环境的情况，例如要根据舞台背景的颜色，选择恰当的服饰；其他人的服装所共同构成的整体，也属于自己的着装环境。服饰穿着要重视与环境的协调，如自然环境有南方和北方之别，东北的服装与海南的服装，风格差异巨大；同时还要符合社会氛围的具体情境。[①]

（3）对教师、学生服饰的具体建议。

服饰的选择，体现着我们教师、学生的审美水平；服装的美，涉及款式与色彩的选择，以及场合意识的方方面面。服饰美本身就是一个发生在每一天的审美教育。

根据日常的教学环境，对教师、学生的服饰提出以下建议：

有四款女士正装可以供女教师选择：

第一款，经典的西服领套装（裙）；第二款，无领的女性化套装（裙）；第三款，束腰的时装化套装（裙）；第四款，传统的中式服装。

有三款服装可以供男教师选择：

第一款，西服；第二款，衬衫；第三款，夹克衫。

佩戴饰物需要注意的问题：

恰当地佩戴饰物，可以起到画龙点睛的作用；过度地佩戴，则会起到画蛇添足的相反效果。达·芬奇曾经指出："你们不见美貌的青年穿戴过分反而折损了他们的美吗？你不见山村妇女，穿着朴质无华的衣服反而比盛装的妇女美得多吗？"清代的李渔在《闲情偶寄》一书中专门谈到了女性的衣饰。他说："妇人之衣，不贵精而贵洁，不贵丽而贵雅，不贵与家相称，而贵与貌相宜。"这是中国传统审美观中，对服饰美的代表性看法，它是建立在儒家"中和"审美观的基础上的。

佩戴饰物应该遵循的原则：

第一，不要过多，一般一两件，起到点缀作用即可，最多不能超过三件；

第二，所佩戴的饰物应该是质地、款式一致；

第三，所佩戴的饰物应与环境、服装、相貌相协调。

学生的服饰应该满足个性发展和集体凝聚力两方面需要。在集体活动中，如升旗仪式、校会、班会，我们应该提倡有统一的服饰；而在课余活动中，则提倡每个学生充分展示自己对服饰的个性爱好。

但是学校的校服，绝不应该设计得陈旧死板，让学生显得老气横秋。而应该

---

① 朱志荣：《服饰之美》，《美育学刊》2012年第4期。

表现出学生的年龄特点，表现出他们的阳光心态、青春活力，反映出时代发展的特点。

　　校服的设计以及对个性着装的思考，都应该发动学生广泛参与，把这个过程变成生动活泼的自我教育过程、美育过程。在这个过程中，学生不仅可以了解中国传统文化的精髓，也可以了解西方传统文化的优点，还可以从中学习美育的知识和方法，提高每个学生的审美、立美水平。

六、审美的年龄特点与美育

> 儿童世界则是一个特殊的世界。儿童
> 有他们自己的善恶和荣辱观念及人的尊严
> 观念；他们有自己的审美标准……
> ——苏霍姆林斯基

没有一个人不爱美，中小学生和幼儿也不例外。但是他们的审美、立美意识和能力与成人还是有区别。作为正在发展中的中小学生，他们是未成熟主体，他们的心理结构决定了他们审美、立美的年龄特点，因此绝不应该"一刀切"，用成人的标准去要求他们。同时要面向未来，用继续发展的眼光看他们。这是我们教师、家长在进行美育，贯彻《意见》中"形成大中小幼美育相互衔接……具有中国特色的现代化美育体系"的时候，特别需要注意的。

（一）必须掌握未成熟主体审美、立美的年龄特点

中小学生是未成熟主体，首先要看到他们是主体；其次，又要看到尚未成熟。他们的心理结构特点总起来说是三大特征：完整，不完善，发展迅速。也就是说，他们和成人一样，有着知、情、意完整的心理结构，但是并不完善。例如：知，存在着片面性和表面性；情感，存在着不稳定性；意志，很难有持久性……

这种不完善性在进行美育的过程中会出现什么情况呢？

中小学生对"真"的把握，由于知识有限，思维能力尚不成熟，也就是难免

有片面性和表面性，不可能很好地掌握客观规律；中小学生对"善"的把握，也是由于人生阅历不足，不可能充分理解人的需要。例如对"幸福"的理解，一个8岁的孩子和一个80岁的老人，自然有很大的差距。这种区别，就决定了作为未成熟主体的中小学生和幼儿，在"超越真和善各自的片面性，比较自由地把握客体，从而充分地达到自我实现的境界——即美的境界"方面，还需要有一个过程。

1. 年龄不同，审美、立美特点不同

苏霍姆林斯基曾经指出："儿童世界则是一个特殊的世界。儿童有他们自己的善恶和荣辱观念及人的尊严观念；他们有自己的审美标准，甚至有自己的时间尺度：童年时代，一天犹如一年，而一年则是无限长的。"[①]

在上海市某儿童画展上，一位小朋友的作品上有一个洞，评审们好奇地问，这是不是一幅破损的作品？小朋友说，这是进入世外桃源的入口。孩子的答案耐人寻味。如何擦亮发现美的眼睛，是一个需要全社会去回答的课题。[②]

看来，美好的事物虽然人人向往，若是缺少发现的眼睛，它也容易被遮蔽了。

苏霍姆林斯基经过多年的调查研究，发现孩子们的年龄不同，审美特点不同，并且有了一个比较系统的认识。

"6至10岁的孩子们，在明白易懂的、令人感动的思想通过神话的形式传到他们的头脑中时，会产生一种特别强烈的审美感情。寓意能加深他们的印象，使他们确立其关于善与恶、正义与非正义、美丽与庸俗的概念。实践表明，7至11岁孩子的审美感知和同审美感受范围有关的积极活动，都会在人的情感记忆里留下终生难忘的印象。7至11岁儿童由于在自然界和周围环境中，在劳动和创造中感觉到美的事物与和谐的现象，因此随着年龄的增长，产生越来越深刻的审美享

① 苏霍姆林斯基：《育人三部曲》，人民教育出版社，1998，第6页。
② 赵婀娜：《美育是一种刚需（人民时评）》，《人民日报》2017年7月4日。

受。保留在这一年龄的智力记忆和情绪记忆里的直接印象的痕迹，都将在以后人的精神生活中获得越来越新的意味，与此同时，使人的各种新的思想、信念和感受永远保留着第一次印象的色彩。低年级学生的美感明显地表露在外面，并通过集体生活表现出来，这是很有代表性的；然而以后（特别是在少年时期）学生所追求的这方面的精神生活则趋于个性化。这一点首先可以用不同年龄的学生，对大自然的美和艺术创作的美的不同感知来加以证实。16至18岁的男女青年的审美态度又有些不同，对他们来说两个人一起——同男朋友或女朋友一起观赏大自然的美，是一种极大的享受。"①

2. 年龄不同，美育方法应该不同

幼儿园、小学、初中和高中教师在进行美育的时候，务必认真思考年龄特点，采取恰当的方法。

苏霍姆林斯基指出，不同年龄学生的审美认识不同，方法也必须不同。例如，人生的根基是在儿童时期扎下的。在儿童期要培养和发展对一切有生命的和美的东西的同情心和怜悯心。这时候要学会观察日出、日落时朝霞和夕阳的美，观察清晨蜻蜓怎么从壳鞘中蜕出，在接受阳光照射后，振翅高飞……他们从内心深处，产生了一种强烈的感情：要保护好世界上这些美好的事物。

"少年期的审美认识和对大自然的理解，比童年期复杂得多。如果说儿童只是单纯地欣赏周围环境的美，那么，少年在赞叹美的同时，已不能不去思考，不去刨根问底地探索这种美的源泉。"②"少年的审美知觉越深刻，他的思想的飞跃就越有力，他就越渴望通过自己的思想去看到更多的东西。"③

低年级学生的感觉具有形象性、直接性的特点，它可以促使学生积极参加培养美的情感活动。7至11岁的儿童，由于感受到大自然和周围环境的美，很容易被吸引参加积极的劳动活动。创造自然财富（特别是栽树和照看树木）和美化周围环境，成了学生所喜爱的劳动，这不仅可以加强他们对美的感受，而且可以培养他们对美的积极的追求，教育他们不能容忍不爱整洁、不爱美观的

---

① 苏霍姆林斯基：《苏霍姆林斯基选集（五卷本）》，教育科学出版社，2001，第356~363页。
② 苏霍姆林斯基：《育人三部曲》，人民教育出版社，1998，第606页。
③ 苏霍姆林斯基：《育人三部曲》，人民教育出版社，1998，第605页。

情况。①

　　而初中学生则会透过大自然的美，思考它后面的规律。"在少年面前，揭示着这样一些科学真理，如物质的永恒性、宇宙的无限性、能量从一种形态转化为另一种形态、生物和非生物的统一。洞察这些真理的本质，对少年来说是多么鲜明的、多么出乎意料的发现……"②这些思考引导初中学生发现世界是一个和谐的、丰富多彩的、美的整体，将使他们逐步建立正确的、深刻的世界观。

　　在高中阶段，则需要将思想逐步系统化、理论化。那些碎片化的知识和各自独立存在的理念，已经不能满足高中学生进一步发展精神世界的要求了。

　　所以中小幼的美育，一方面，需要从小做起，从基础做起，从感情修养开始，从感性地接触大自然，接触各种美的事物开始，与德育、智育相互促进。不能认为他们还小，就放松，甚至放弃美育；另一方面，又不能操之过急，把一些孩子们还不能理解的成人美育内容，生硬地灌输给他们模仿，造成"夹生饭"。

　　中小幼学生的美育，应该是随着学生真与善的不断完善，同时积极开展美育，使他们的心灵发展迅速而充实，逐步达到更高的美的层次，最终目的是提高人生的精神境界。

（二）中小幼学生审美、立美的年龄特点及美育

　　审美、立美是人类独有的特性，一个人诞生之后，就开始了审美、立美能力的发展。"美是人类原始体验的一种。作为自发的情感体验，美感出现比道德感要早。"③

　　0至2岁的孩子，他们一般对艺术作品做感觉层面的接受，他们注意的是比较鲜明、简单和变化着的感觉材料，如色彩、音响等，面对作品的内在形式、结构，如构图、旋律等缺乏把握能力。④

1. 学龄前儿童的美育特点及教育重点

　　学龄前期和学龄初期正是个人的意识、情感和意志确立的时期，这时特别重

---

①　苏霍姆林斯基：《苏霍姆林斯基选集（五卷本）》，教育科学出版社，2001，第359页。

②　苏霍姆林斯基：《育人三部曲》，人民教育出版社，1998，第602页。

③　朱小蔓：《情感教育论纲》，人民出版社，2007，第81页。

④　杜卫：《美育论》（第二版），教育科学出版社，2014，第273页。

要的是使儿童感觉到美,对美的事物欢欣鼓舞,为永恒的自然美和人类用双手和智慧创造的美赞叹不已。①

3至6岁的学龄前儿童,比较喜爱即兴式的艺术创作和欣赏。他们往往把作品作为某种内心情绪的表达,而且经常以身体动作来配合审美感受,开始对形式、结构发生兴趣,旋律感和节奏感的形成便是一个标志。对作品的理解也已从感觉材料深入到它的情绪内涵之中。在能力方面,想象力的发展尤为突出。②

学龄前儿童美育的主要任务是引导他们初步感受环境、生活和艺术中的美,启发他们初步掌握表达美、创造美的情趣和能力。

《意见》指出:"幼儿园美育要遵循幼儿身心发展规律,通过开展丰富多样的活动,培养幼儿拥有美好、善良的心灵,懂得珍惜美好事物,能用自己的方法去表现美、创造美,使幼儿快乐生活、健康成长。"

教育重点的建议是:

(1)引导学龄前儿童接触周围环境和生活中美好的人、事、物,丰富他们的感性经验和审美情趣,激发他们表现美、创造美的情趣。

(2)教师、家长在支持、鼓励幼儿积极参加各种艺术活动并大胆表现的同时,帮助他们提高表现的技能和能力。

(3)幼儿园、家庭要为孩子提供自由表现的机会,鼓励他们用不同艺术形式大胆地表达自己的情感、理解和想象,尊重每个孩子的想法和创造,肯定和接纳他们独特的审美感受和表现方式,分享他们创造的快乐。

(4)教师和家长要指导孩子利用身边的物品或废旧材料制作玩具、手工艺品等来美化自己的生活或开展其他活动。

朝阳区教育研究中心学前教研室教研员安平探索了"基于生活的幼儿美术教育",她介绍道:"基于生活的幼儿美术教育",是基于真实儿童的真实生活的幼儿美术教育。它是一系列符合自身年龄特点和学习方式的感受美、表现美、创造美的活动总和;它使幼儿在与自然、与社会、与人、与己的互动过程中,获得现实以及未来生活所需要的学习品质、生活态度和生命

---

① 苏霍姆林斯基:《苏霍姆林斯基选集(五卷本)》,教育科学出版社,2001,第245页。

② 杜卫:《美育论》(第二版),教育科学出版社,2014,第274页。

方式。

　　基于生活的幼儿美术教育的内涵，可以被凝练成"玩美术，慧生活"六个字。安平介绍说："玩"是方式，"美术"是载体，"慧生活"既是目的，也是状态。"玩"的本质即快乐。"玩美术"不仅凸显接触美术的愉悦状态和心境，而且是砍掉了幼儿接触美术的门槛，提倡美术活动的过程是平等的、轻松的。"慧"是一种精神、一种状态、一种修养，如积极·主动、专注·坚持、交往·合作、探索·创造、自信·快乐、习惯·感恩。"慧生活"就是成就一种有精神、有品质、有修养的生活，凸显幼儿美术教育对幼儿发展的价值。

　　"玩美术，慧生活"，直接回应现实中存在的幼儿美术的功利现象，积极倡导给予幼儿理解、尊重、爱的美术教育，她提倡社会各界都积极行动起来，利用自身资源，为幼儿"玩美术"提供机会和条件。①

2. 小学生的美育特点及教育重点

　　"小学阶段的审美教育首要任务依然是孕育爱的情感，唤起个体之于他人与世界的优美的情感。个体作为自然肉身的存在，受制于个体的性情欲望，难免是盲目而无序的，审美教育的重要功能就是协调个体的性情欲望，促成心灵秩序的和谐。如果说早期的爱的教育是赋予自然肉身以情感的温润，寄予个体最初的属人性，在赋予爱心的亲子交往中协调个人的性情欲望，那么接下来的审美教育就是要以优美的节奏与和谐的秩序来优雅人的身体姿态，协调人的性情欲望，扩展儿童身心自由的体验，进一步扩展基于身体的感知能力与想象力，在人的内心之中孕育美善事物的原型。"②

　　小学生的形象思维仍然占一定的优势，情感日益丰富，美感有了较快的发展，他们对祖国、家乡、文学艺术作品产生了热爱的感情，掌握了一定的表达美的能力。他们已经有了审美、立美的需要，于文艺作品、服饰、形象，都有了自己的爱好。这个时期正是打好审美、立美教育基础的时期。

　　苏霍姆林斯基指出："美感在学龄初期儿童的生活中起着很大的作用：它对

---

① 安平：《让孩子在"玩美术"中"慧生活"》，《现代教育报》2015年12月2日。
② 刘铁芳：《走向整全的人：个体成长与教育的内在秩序》，《教育研究》2017年第5期。

美化儿童的心灵、促进儿童身心发展，对巩固儿童的道德观点有着特殊的影响。"①

"从学校教育的第一天起，我们就教育孩子们观看、领会、感知、理解周围世界（自然界和社会关系）的美。感知和理解美是审美教育和审美修养的基础和核心，离开这个核心，对生活中一切高尚的东西就会没有感情，失去知觉。"②

7至12岁的儿童（小学阶段）开始进入所谓的审美常规阶段。他们已开始对成人的艺术世界发生兴趣，开始尝试着用成人艺术的一些惯常而简单的表达方式来进行创作，但所表现的内容和理解的意义还是较孩子气的。在绘画方面，再现的（或称"现实主义"的）风格逐渐形成，学会把某些知觉图形作为现实事物的真实描摹来使用。在音乐方面，对旋律与节奏的类型、乐曲结构与风格也有了初步的自觉意识。这一阶段存在着一个危机，即内心冲动与表达手段之间的不协调，出现眼高手低的情况。③

《意见》指出："义务教育阶段学校美育课程要注重激发学生艺术兴趣，传授必备的基础知识与技能，发展艺术想象力和创新认识，帮助学生形成一两项艺术特长和爱好，培养学生健康向上的审美趣味、审美格调、审美理想。……义务教育阶段学校在开设音乐、美术课程的基础上，有条件的要增设舞蹈、戏剧、戏曲等地方课程。"

小学阶段美育教育重点的建议是：

（1）教师、家长要在生活中选择恰当的资源，尤其是利用文学、音乐、美术等活动来发展孩子的审美、立美的能力；

（2）教师、家长要注意培养孩子的审美想象力。在美育过程（例如朗读、绘画和歌舞）中，善于唤起孩子丰富的想象，以培养审美的想象力；

（3）教师、家长在审美教育过程中，要帮助孩子将丰富的情感逐步引向理性的轨道，用理性来控制、调节容易变动的情感，使情感更加深沉稳定，走向情感和理性结合的审美。

---

① 苏霍姆林斯基：《育人三部曲》，人民教育出版社，1998，第363页。
② 苏霍姆林斯基：《育人三部曲》，人民教育出版社，1998，第243页。
③ 杜卫：《美育论》（第二版），教育科学出版社，2014，第274页。

　　个体发展早期的教育之所以强调自然教育、情感教育、审美教育，还有一个重要的原因，就是避免早期教育的理智化，以保护人的直觉能力。可以说整个小学教育阶段都不是知识学习的关键时期，更确切地说，教育的重心都不是学知识，而是发展人的基于身体的优雅而充分的感性能力。所谓理智化的教育是指以规范的方式组织起来的教育形式，包括分科知识教学及相关的评价考试体系，明晰的伦理规范教育等。过早的理智化教育难免带来个人身体的规范与紧张，因此而抑制个人天性与身体直觉的发展。理智化的教育形式虽然可以一时让个体获得最初的知识学习的成功，但却不可避免地会贬损个体的自由天性，削弱基于身体本能的直觉能力，不利于今后创造力的提升。从终身发展而言，弊远大于利。①

3. 初中生的美育特点及教育重点

　　初中生处在半成熟、半幼稚时期，他们的抽象逻辑思维逐渐占主导地位，独立性和批判性都有所发展。对美的感受日益加深，更加注意自己的形象和服饰，对美的形式和内容的把握，比小学生鲜明和深刻得多。

　　"情感教育与审美教育的统一，在少年期具有特殊意义。一个崭新的思维阶段促使人用思想和情感去认识和掌握的已不仅仅是事物、事实和现象，还有观念和原则。个人对社会观念的情感—审美态度越明确，道德情感就越深刻。"

　　"在少年时期，人对观念和周围世界的情感、审美评价特别鲜明，这是因为人似乎是通过观念和原则去发现并第一次看到世界。崭新的世界观、对许多新东西的发现，促使少年对观念和原则产生个人的态度；使少年表现出高尚的精神，他赞美善而憎恨恶。这是道德情感形成过程中的一个重要方面。"②

　　"初中阶段青少年对时尚流行感兴趣，关注性别形象，普遍爱美。聚焦于审美，是满足初中阶段青少年成长追求的需要，也是审美兴趣使然。"

　　"……性发育推动了性别角色追求，触发了青少年对自我形象和人格魅力的追求，初中阶段进入第一波高峰。这也是形式思维逐渐成熟的阶段。这些是培养审美情趣、培养欣赏魅力人格能力的基础。审美提升适合于青少年在当下实现自

---

① 刘铁芳：《走向整全的人：个体成长与教育的内在秩序》，《教育研究》2017年第5期。
② 苏霍姆林斯基：《育人三部曲》，人民教育出版社，1998，第558页。

我超越，也适合于他们的终身发展。"①

"13至18岁的少年（中学阶段）开始趋于社会化和成人化，审美理解力提高，有批判意识。对细节观察较细致，对艺术作品的形式、结构和媒介有了自觉意识，审美表现与理解的内容也具有社会性和历史性。同时，个性也明显地凸显出来。他们一般较喜欢模仿自己所崇拜的艺术家，也较喜爱内容和形式较为复杂的艺术品，甚至对非主流的文学艺术作品产生兴趣。对自然景观的兴趣有较大的发展，也比较注重自己的言谈举止的审美规范。他们的另一个审美特点是，在日常生活及环境中，开始有意识地按自己的趣味来进行审美化创造。"②

"中学生，特别是初中学生，他们的独立性和依赖性处于相互纠缠的状态，他们很容易因模仿某些作品的构成常规而阻碍了个性的真实表现。这一点在中学生的作文当中表现得很突出。例如写内心生活，往往是从低落到高涨，从灰暗到光明……因此，如何在指导青少年掌握一般的艺术构成常规的同时，发挥他们个性化的创造性，逐渐培养他们各自独特的审美构造方式，是一个值得深入探讨的课题。"③

应该指出，片面强调逻辑思维能力的发展，忽视青少年美育，忽视青少年审美态度的培养，对当前青少年的审美发展设置了障碍，造成了一些青少年审美态度的衰退或不自觉。有些艺术教育课（包括文学课）教学，违背美育的教学规律，用讲解一般说理文章的方式来讲解音乐、美术或文学作品，一味地把学生的注意力引向作品之外抽象的"思想内容"，忽视了引导学生对作品本身进行直观的玩味和体验，严重影响了他们审美注意力的发展。在八年级前后，由于逻辑思维能力的飞跃性发展，青少年审美能力有停滞甚至衰退的发展趋向。在这个阶段更应该注意审美态度的培养，以促进审美能力与逻辑思维能力的协调平衡发展。④

初中阶段美育教育重点的建议是：

（1）教师、家长要着重培养初中生审美的理解力和评价能力。随着初中生思维能力的提高，应该培养他们不仅感受到美的愉悦，还应该理解美的内涵和价值，学习用自己的内心体验来理解和评价美的事物。

---

① 李晓文：《青少年发展研究与学校文化生态建设》，教育科学出版社，2010，第288页。
② 杜卫：《美育论》（第二版），教育科学出版社，2014，第274页。
③ 杜卫：《美育论》（第二版），教育科学出版社，2014，第244页。
④ 杜卫：《美育论》（第二版），教育科学出版社，2014，第243页。

（2）扩大审美视野，培养健康的审美趣味。随着初中生能力的提高，应该引导他们接触多种多样的审美对象，扩大他们的审美视野。在这个过程中通过比较、鉴别、分析、理解，形成健康的审美趣味。

（3）进一步培养初中生的审美表现力和创造力。要求初中生要高于小学生，通过各种审美活动，运用自己的思维、想象力和对美的理解力，进一步发展自己有个性的审美、立美表现力和创造力。

4. 高中生的美育特点及教育重点

高中生的美感随同理智感、道德感一起有了较大的发展，产生了和稳定的认识相联系的情感体验。爱美的意识，从重外表美逐渐转向对内在心灵美的崇尚。他们对文学艺术作品有一定的鉴赏力，审美的追求也从狭小的范围，逐渐扩大到广阔的社会生活和自然当中。

青少年的艺术理解能力在迅速提高。青少年对艺术作品的理解，开始进入了作品的深层意蕴。由于知识的扩展和阅历的丰富，加上思维能力的发展，青少年能够较深入地领悟艺术作品当中所蕴含的社会意义、历史意义和人生意义，有时可以把它们提高到哲理水平。[1]

> 青少年个体的审美趣味，呈现出鲜明的个性化倾向，这是他们个性人格逐渐形成的表现。1991年春，笔者在厦门某中学与学生座谈时，耳闻目睹了一场趣味争辩：一位男同学表示对悲怆、荒凉、伤感的歌曲有强烈的兴趣，对妩媚、甜美的歌曲表示厌恶。一位女同学则立即反驳，认为歌曲应该是优美的，悲伤的歌曲听得让人不快乐，没什么好的。多数同学表示不喜欢戏曲音乐，认为那是老人或大人们爱听的东西，可是有一位同学却悄悄地对老师说，他最喜爱戏曲，因为戏曲是民族艺术，最有意思。[2]

青少年审美趣味的形成则是受教师与社会的双重影响。因此，学校美育应该根据青少年审美发展的水平，适当调整教学内容，例如增加一些当代文艺作品，注

---

① 杜卫：《美育论》（第二版），教育科学出版社，2014，第246页。
② 杜卫：《美育论》（第二版），教育科学出版社，2014，第248页。

意美育的思想性与娱乐性相结合，从而在适合青少年审美要求的基础上，提高他们的审美品位，培养起既高尚又真诚的审美趣味。[①]

《意见》指出："普通高中美育课程要满足学生不同艺术爱好和特长发展的需要，体现课程的多样性和可选择性，丰富学生的审美体验，开阔学生的人文视野。……普通高中在开设音乐、美术课程的基础上，要创造条件开设舞蹈、戏剧、戏曲、影视等教学模块。"

高中阶段美育教育重点的建议是：

（1）要进一步培养高中生的审美的能力、表现美的能力和创造美的能力。结合学校学科教学和校外各种形式的活动，引导他们在感性直观活动中去理解美，通过表演、操作等实践活动培养创造美的能力。

（2）要注意培养他们高尚、健康的审美情感。青年初期有了新的审美追求，但是容易满足于肤浅的感性刺激。应该帮助他们选择优秀的文艺作品、优美的自然景观，体验美好，陶冶情操，不断提升自己的审美境界。

（3）要进一步加强对高中生的审美观的教育。这种教育来自优美、崇高审美对象的反复欣赏，来自适当的美育理论的学习体悟，特别是来自和人生观、世界观教育的紧密结合。当然这种结合绝不是空洞的说教，而是在丰富活动中感性和理性的结合。

---

① 杜卫：《美育论》（第二版），教育科学出版社，2014，第2页。

七、美的教师才能培养美的学生

如果您想成为一个真正的教育者，
请您向年轻的心灵展现人的美，首先展
现您自身的美，这是很重要的。

——苏霍姆林斯基

《意见》指出："将美育贯穿在学校教育的全过程各方面，渗透在各个学科之中。加强美育与德育、智育、体育相融合，与各学科教学和社会实践活动相结合。挖掘不同学科所蕴含的丰富美育资源，充分发挥语文、历史等人文学科的美育功能，深入挖掘数学、物理等自然学科中的美育价值。大力开展以美育为主题的跨学科教育教学和课外校外实践活动，将相关学科的美育内容有机整合，发挥各个学科教师的优势，围绕美育目标，形成课堂教学、课外活动、校园文化的育人合力。"

当方针政策确定之后，关键的因素就是校长和教师。尤其是美育工作，主要的不是技能技巧，而是校长和教师的思想是否能够达到一定高度。魏书生有这样一段令人深思的话：一个好人的身后，必有一位好长辈给过他终身受益的教诲；一个坏人的背后，也往往有一位不称职的长辈给过他一辈子都难以摆脱的误导。

（一）思想上重视美育

美是一切事物生存与发展的本质特征，社会的进步就是人类对美的追求的结晶。

不同时代的教育家都不约而同地逐渐发现了美育，重视美育、推崇美育，这不是偶然的，因为美育的价值是客观存在的。

几千年前，孔子就提出"兴于诗，立于礼，成于乐"，强调审美教育对于人格培养的作用。蔡元培先生曾大声疾呼："美育是最重要、最基础的人生观教育。"乔布斯也曾直言，苹果与其他计算机公司最大的区别，在于追求科技的同时，始终保持对于艺术和美的追求。①

苏霍姆林斯基认为："整个教育体系的重要目的是：使学校教会人在美的世界中生活，使他离开美就不能生活，使美的世界能在人身上创造美。"②他甚至强调："如果一个人不能对周围世界进行细致的情感、审美观察，他就不能当教师。"③

当一个人深入到教育的本质之后，就会发现，没有美育的教育，是不完整的教育，是半截子教育，是不成熟的教育，是注定不能成功的教育。

不论是面对我们教师的个人成长，还是面对伟大而艰巨的教育使命，学习美育，掌握美育，必须尽早提到日程上来。

关注个性，是美育的一个重要特点。美育工作如果不能落实到个性，不能面向个体，也就是不能真正面向全体。

（二）教师的审美、立美理论修养

我们教师和家长的任务虽然主要是进行美育，并不是研究美学，但是美育是把美学理论运用于教育实践中，不懂得美学，也不可能搞好美育。因此，我们也需要学习一点美学。尽管困难，但是中国谚语说得好：只要思想不滑坡，办法总比困难多。

如果不学习美学，我们在美育实践中会遇到两方面问题：一是没有美学理论的指导，我们就不能正确地引导孩子和培养孩子的审美能力，也不能发现生活中、教育中涌现出来的美，更不能进行创造性的教学。二是不学习美学，我们就

---

① 赵婀娜：《美育是一种刚需（人民时评）》，《人民日报》2017年7月4日。
② 苏霍姆林斯基：《育人三部曲》，人民教育出版社，1998，第66页。
③ 苏霍姆林斯基：《育人三部曲》，人民教育出版社，1998，第579页。

不能辨别社会上的美与丑。有一些自以为懂得美学的人，用错误的理论，宣扬一些丑的东西，例如把一些低级趣味当作行为艺术。

（三）教师的审美、立美实践修养

为了提高教师的美育修养，成都市成华小学的做法是开设教师选修课，使教师提升艺术修养。学校为教师们开设了很多艺术类的选修课，这是教师"尚美文化"建设的一个重要途径。学校提倡教师至少学习所教学科以外的一门艺术，提高自身的审美情趣，也丰富业余生活。教师选修课，间周一次，包括"淡淡墨香、古典情怀（中国画）""温馨花语，芬芳天地（插花）""微小视角，大千世界（摄影）""歌声曼妙，伴我远航（合唱）""色香味形，烹饪健康（烹饪等）"等课程。实践证明，以往那些语文、数学等非艺术类的老师，当他们也开始对某一项艺术进行钻研时，他们的审美素养都有较大的提升。

美育对于学校的教师来说，它的意义不仅是提升老师的审美能力和人文素养，更重要的是能够把美的种子播撒到学生中去。教师要树立美育意识。教师要善于用自己的内在美感染学生，将美育融进育人的全过程，将美育种子播撒到广大群众中去开花结果。[①]

苏霍姆林斯基也多次强调教师自身内心美的重要性："如果您想成为一个真正的教育者，请您向年轻的心灵展现人的美，首先展现您自身的美，这是很重要的。"[②]

凡是细心地观察和感受到美的人，其本人就会成为美的人。相反，内心空虚，外表只会表现出迟钝、冷淡、毫无活力。[③]

你一旦能面对美发出惊叹，你心灵里也会有美开放。[④]

1. 教师的身体美

教师天天和学生生活在一起，经常面对的是朝气蓬勃的学生，他们怎样展现自身的美呢？为人师表应该包括教师的个人形象。身体的形象美，它是由人的容

[①] 郑莼：《把美的种子播撒到学生中去》，《现代教育报》2015年12月2日。

[②] 苏霍姆林斯基：《育人三部曲》，人民教育出版社，1998，第598页。

[③] 肖甦主编译：《苏霍姆林斯基教育智慧格言》，人民教育出版社，2014，第223页。

[④] 苏霍姆林斯基：《育人三部曲》，人民教育出版社，1998，第436页。

貌、形体、气质、风度等组成的整体身体美。

服饰也与身体美有关。一个热爱生活、热爱美的教师，肯定十分重视自己的服饰。

有一位上海的优秀教师，在介绍经验时，讲了一段朴实、感人的话。她说："我们老师如果仅仅满足于'爱学生'是不够的，还应该让学生爱我们。那么怎么让学生爱我们呢？除了思想行为以身作则以外，我们的身体的形象美也不应该忽视。我第一次见学生的时候，我总是要认真设计，精心打扮一番。这个学期开学的时候，我是穿了一身洁白的连衣裙来迎接学生，学生们都投来了赞赏的目光。"

教师这个神圣的职业，要求我们平时应该是淡妆上岗，着装优美大方。绝不应该是邋里邋遢，那还真成了"成灰泪始干"的蜡炬了。

化职业淡妆、着得体服装，这不仅仅是为了漂亮，带来感官上的愉悦，更是为传递一种积极向上的生活态度，在潜移默化中培养孩子们的审美素养。身教重于言教，教师得体的装束是用实际行动来教育学生讲礼仪，引导学生正确审美。同时，衣着得体也能促进自己热爱生活、增添情趣、身心愉悦。况且学校不仅仅是观念上提倡，还有具体的推进措施，如在女教师中开设美容美妆课程，请来专业美容师给老师们讲解、示范如何化职业淡妆，如何搭配服饰等。这都有利于教师树立正确的化妆意识，避免出现浓妆艳抹等问题。

当然，教师在注重形象的同时，更要注重其精神面貌。教师的精神面貌是指教师在教育教学过程中，能激发学生情感、唤起学生参与的外在气质和内在感染力，是教师形象的灵魂，也是教师言为心声的心理基础。这就要求教师在教育教学过程中必须具有清醒的形象意识，具有自尊自信的心态、正直的品质和豁达宽容的心胸等。……女教师化淡妆是塑造教师形象的可取行动，是对教师职业认识的可喜进步。

2. 教师的语言美

过去，人们在批判没有把学生作为主体的满堂灌教学的时候，有一种错觉，误以为教师的语言是不重要的，甚至走向极端，让课堂变成了"学生讲，老师听"。这是不对的，教师和学生的交流，语言是极其重要的。

"教师讲的话带有神秘色彩，这是一把最精致的钥匙，它不仅开发情绪记忆，还能深入到大脑最隐蔽的角落。[①]

尤其是教师的范读，更不能掉以轻心。苏霍姆林斯基曾经现身说法："只有当教师的心灵中语言是有生命的时候，才可能培养学生对诗歌的热爱，培养对朗读的精神需求和对诗的语言的体验。"[②]

诗词专家叶嘉莹先生认为，重中之重是培养教师，教师的方法一定要合乎我们中国诗歌的美感特质，教师本人对诗歌的美感要有一份感动，才能把他的感受、感动传达给孩子。

3. 教师的行为美

2015年中央电视台和光明日报社联合启动"寻找最美教师"大型公益活动。……最后推选出十名"最美教师"。其中有一位最美藏地教师嘉措。他工作在民主村，那是西藏自治区扎囊县最为偏僻的山村之一，交通极为不便。1990年嘉措参加工作时，教学点条件很差，连一间像样的教室都没有。他白手起家克服困难，一步一步改善教学条件。没有课桌，他就砌土墩，放上木板做课桌；缺少学习用品，他就自己掏钱给贫困学生买；缺少课本，他就到县城学校，借学生用过的旧课本。有时为了两三本旧课本，往返要走上六七个小时的山路。19年来嘉措每月都要拿出工资的五分之一补贴孩子们。

民主村居民居住分散，孩子们上学极为不便，生源流失严重。为了让每一个孩子都接受教育，他坚持到学生家中走访劝学。通过他的努力，教学点

---

① 苏霍姆林斯基：《育人三部曲》，人民教育出版社，1998，第243页。

② 苏霍姆林斯基：《育人三部曲》，人民教育出版社，1998，第616页。

周边适龄儿童入学率不断上升，从2006年起适龄儿童入学率达到了百分之百。

另一位"美丽教师"是湖南省宜章县网络妈妈谭兰霞。她对全校学生的家庭情况进行了调查，全校六百多名学生中，三分之一的学生因家境困难学业难以为继。她知道，单靠自己个人的能力，是无法解决贫困孩子上学问题的。……在家乡小学任教的四年多时间里，在网友的帮助下，她通过互联网为贫困学生募集爱心助学款，她把自己的走访经历、感受和照片都发布到空间里，网络迅速成为这些孩子通往山外的美丽天梯。

近五年的时间，她写了整整九本走访日记，在网友支持下成立了"一个都不能少"爱心助学会，通过网络帮助宜章县一百多个贫困孩子找到一对一爱心帮扶，筹到爱心款50多万元，收到爱心衣物3万多件，先后帮助了60多个贫困孩子重返课堂。她与孩子们的故事被100多万网友关注，大家亲切地称她为网络妈妈。

谭兰霞说：离开情感一切教育手段都无从谈起。这种情感，不是装模作样的"平易近人"，也不是老师对学生居高临下的"感情恩赐"，而是平等的、真诚的感情。

教师的行为美，反映的是对事业的负责精神，表现在对学生的爱，更多地表现在和学生的日常交往关系。教育是心与心的碰撞、交流，没有一颗高尚的心，教育工作必将黯然失色。苏霍姆林斯基的言行和他的成就，首先来自他有一颗高尚的心。他说："我要以自己的言行来教育孩子。他们应当从我的言行中感受到真、善、美。我的每一句话都应当饱含温情、诚意和热忱。"[1]

4. 教师的心灵美

教师的自身审美实践，最根本的不是技能、技巧，而是心灵美。

最美女教师张丽莉

2012年5月8日晚，正当佳木斯市第十九中学一群学生准备过马路时，

---

① 苏霍姆林斯基：《育人三部曲》，人民教育出版社，1998，第22页。

一辆客车突然失控冲了过来，与前方停在路边的另一辆客车追尾相撞，被撞客车猛力冲向正要过马路的学生。危险瞬间，本可以逃生的张丽莉，奋不顾身去救学生，自己却被卷入车轮下，致双腿粉碎性骨折，高位截肢。在生死攸关的危急时刻，张丽莉用无私大爱谱写了一曲生命的赞歌。

当年28岁的张丽莉是中共党员，2007年毕业于哈尔滨师范大学。她多次被评为青年骨干教师、教师新秀、最受学生喜爱的教师。

人的瞬间反应是本能的，来不及思考，来不及选择；是长期养成的习惯与品质的"爆发"；是人的素养与品德在刹那间的"闪现"。

张丽莉老师的"心灵美"，绝不只是闪现在救人的这一瞬间。

当急救车赶到将她送到医院救治时，她还说"先救学生"；为了让班里学生在冬天能喝到热水，她自己出钱为班级买电水壶；她拿出每个月为数不多的工资买来面包、饼干给路远来不及吃早饭的学生；她资助班里一个低保家庭的孩子每个月一百块钱，连寒暑假都不例外……

（四）教师在教育教学工作中的审美、立美修养

教师首先要熟悉学校美育、社会美育和家庭美育的任务、内容、途径和方法。教师要积极参加活动，努力团结各方面的力量，合作共建，并创造性地把美育贯彻到自己的全部教育活动中。

在精神的审美修养方面，苏霍姆林斯基说："如果谈到教育经验，谈到取得经验所需的工作年限，那么我首先是把对世界，尤其是对人进行情感—审美观察的细致性包含在这个概念中。教师成为儿童和青年的导师，是因为他能用智慧和心灵细腻地、敏感地认识世界。这一品质对于少年的教育具有特殊意义。"

那么，培养学生情感—审美观察的细致性，要注意什么问题呢？苏霍姆林斯基说："少年的视野在无限地开阔，他的智慧在不断获得认识概括的真理并对之进行逻辑分析的能力；这个年龄的人能看到远离他们发生的事情，却常常不注意近在身边的事情。教师不仅要发展和深化少年期的本质和少年的社会地位所要求的能力，同时还要发展少年用智慧和心灵去观察就在离他两步远的地方出现的事情和现象的能力。"[①]

---

① 苏霍姆林斯基：《育人三部曲》，人民教育出版社，1998，第580页。

这个"两步远"的地方，就是在家庭、在学校，尤其是课堂上。

备课

教师一方面要善于挖掘教材中的美育因素。任何优秀的教材都含有真、善、美的因素。教师要善于从真、善、美三个角度分析教材。比如：

"未来的科学家"

上海优秀班主任毛蓓蕾，曾经在一年级上过一节成功的理想教育课。对于幼小的孩子来说，理想、信念显得过于抽象，毛老师是怎样获得成功的呢？

这堂课的主题是"未来的科学家"。上课了，毛老师意味深长地对学生说："我知道你们都很佩服科学家，那么你们想知道未来的科学家是什么样子吗？"同学们都兴奋地喊了起来："想知道！"毛老师指着讲桌上一个开口的盒子说："请你们到前面来，在盒子里就可以看到。"孩子们排着队看完了以后，一个个都笑了。

原来，在盒子下面放着一面小镜子。在孩子们看之前，有的想，科学家都是很有学问的，一定是戴着厚厚镜片的眼镜，雪白的头发，浓浓的大胡子——总之，没有一个人把科学家和自己联系起来。但是，当他们怀着崇敬的心情去看"未来的科学家"的时候，看到的却是自己。这时，孩子们的情感受到了强烈的震动。自己崇敬的"未来的科学家"，竟然和自己联系起来了。原来，"未来的科学家不是别人，就是我们自己！"

这是一节普通的常规课，但它处处充满了创造性。让孩子们充满了美好的期待。备课中充满创造性的思考、创造性的设计，课堂上有创造性的实施，并把幼小的孩子引向今后的创造。教育就是一个不断变化、充满活力的事业；教育就是一个促你不断思考、不断学习的事业；教育就是这样一个了不起的、离不开创造的事业。

另一方面，要善于挖掘学生身边近在咫尺的美。这就要求教师具备平日的审美观察能力。

看似平淡的日常生活中，常常会有许多美好的事物出现，有时候仅仅是一瞬间，例如，后进生主动帮助别人，如果教师没有抓住这一点，就是无法挽回的损失，"而造成损失的原因是教师自己没有养成和发展对世界进行情感—审美的观察能力。这种能力不是什么天赋的精神品质。只有通过生活才能获得、理解、养成、完善这种能力并更聪明地运用这种能力"。①

上课

板书是教师课堂上不可缺少的内容。优美的板书，首先反映出知识内在的规律美、逻辑美，布局的结构美，但是还不能忘了板书字体的形象美。我在成都听过一位特级教师的课，她的板书美极了。她要求自己的板书要达到书法的层次，我听了很受震动。的确，中国优秀传统文化的传播，文字是一个重要方面。

我在北京师大附中读书时，遇到很多老师，他们不仅师德高尚、知识渊博，而且练就了不少高超的技能技巧。例如教几何的沈绍武老师，上课从来不带圆规和三角尺，画几何图形全凭自己的一只手，横平竖直自不待说，最妙的是画圆。只见他挽起袖子，一挥手，一个标准的圆圈出现在黑板上。这时候，沈绍武老师身子对我们，脸却侧过去，认真地欣赏黑板上自己的艺术作品，长达一分钟。

抽象的数学课同样可以渗透美育。这是二年级的一节数学课，目的是教孩子们认识轴对称图形。

上课伊始，我请孩子们展示自己收集到的剪纸艺术作品：双喜临门、花间舞蝶、刘备晨读、年年有余等。这些剪纸惟妙惟肖，引来了孩子们的啧啧称赞。接着，我在屏幕上展示河南的一些剪纸作品。"哇，好美呀！""太漂亮了！"在孩子们的一片惊叹声中我自豪地说："我们河南的剪纸艺术源远流长，这些剪纸将我们的生活装扮得瑰丽多姿，现在已经走向世界，成为全人类的艺术财富和文化瑰宝。"

在这样的情景中我再请孩子们找这些图案中的共同点，了解轴对称图形，寻找生活中普遍存在的轴对称现象。最后我请孩子们剪一个自己喜欢的

---

① 苏霍姆林斯基：《育人三部曲》，人民教育出版社，1998，第579页。

轴对称图形，送给爸爸、妈妈。下课了，可孩子们还意犹未尽，久久不愿离开教室。我从孩子们的眼神和赞叹声中，感受到了"美"带给大家的巨大冲击力。①

当然，在课堂上最重要的是发挥教师的主导作用和学生的主体作用。通过师生互动，让孩子有机会发表自己的看法。

利用人们之间关系的无限丰富的生活情境，有意识地创造培养情感修养的情境，这是最细腻的教育技艺领域，是教育修养的本质。②

让少年有机会用自己的眼睛去看事物，使之似乎成为事件的参与者和评判员，这在少年期是很重要的。实质上，情感—审美认识就是从这里开始的，信念也是这样形成的。③

一堂关于蚯蚓的课

在美国的一个小学里，上了这样一堂自然课。虽然是短短的一堂课，但没有想到的是，它竟然使许多听课的人受到了一次强烈的震动，这是为什么呢？

这堂课的题目叫"蚯蚓"。

上课了，自然老师拿来一盒蚯蚓，对同学们说："同学们，今天我们来研究蚯蚓，请同学们自己上来，每人拿一条蚯蚓。"

同学们都用一张纸想把蚯蚓托回来，但是，不听话的蚯蚓纷纷从孩子们的手中逃脱，有的爬到墙角，有的溜到椅子下面。于是教室里来了个"全场大搜捕"。

这时，来参观的学者说："这叫什么课，乱成了这样……"

老师从容地说："如果上的是关于蚯蚓的课，同学们连捉蚯蚓都没有学会，那叫什么自然课？"

过了一会儿，同学们终于将调皮的蚯蚓一个个"捉拿归案"。课继续进行。

---

① 姜荣蓉：《让美育之花处处绽放》，《河南教育》2015年12月。
② 苏霍姆林斯基：《育人三部曲》，人民教育出版社，1998，第579页。
③ 苏霍姆林斯基：《育人三部曲》，人民教育出版社，1998，第570页。

老师说："同学们，请你们观察一下手中的蚯蚓，有什么特点？"

同学们开始了认真的观察。

一个同学说："它没有腿，可是会爬"；

老师说："对"；

另一个同学说："那不是爬，它是在蠕动"；

老师说："对，你说得更准确"；

又有同学说："老师，我发现蚯蚓是由许多环组成的"；

老师说："好，你观察得仔细"；

又有一个说："老师，我把蚯蚓放到嘴里尝了尝，发现它是咸的"；

老师高兴地说："你很勇敢，亲自尝了尝，我不如你！"；

还有一个同学大声地说："老师，我把蚯蚓拴在绳子上，然后吞了下去，之后再把它拉了出来，发现它还活着，说明它的生命力非常强……"；

这时，老师从座位上站了起来，神情严肃地说："呵，你真了不起，你小小年纪，就有为科学献身的精神！我真为你感到骄傲。"

设想一下，如果学生这样的表现发生在中国的课堂上，老师们会怎样对待？家长们听到后，会做怎样的感想？

著名的教育家陶行知先生在几十年前就尖锐地指出过："你的教鞭下有瓦特，你的冷眼里有牛顿，你的讥笑声中有爱迪生。"现在可以再加上一句——你的麻木中有毕加索、齐白石。

美就在身边，就在"两步远"，而我们往往视而不见。这堂课，好就好在让学生"有机会用自己的眼睛去看事物，使之似乎成为事件的参与者和评判员"，他们在同学和自己的问答中，开始了情感—审美认识。而这位教师则在这堂课上有意识地创造培养情感修养的情境，因为他能够巧妙地带领学生对周围世界进行细致的情感、审美观察，既进行科学教育，又进行了美育。

八、美育的展望

　　各美其美，美人之美，美美与共，
天下大同。

　　　　　　　　　　——费孝通

　　中国作为一个爱美的国家，美育应该说是一个既古老又常新的话题。

　　党的十九大报告中，多次出现"美"的字眼：美好生活、美好未来、美丽中国……读来令人温暖而激动。

　　"永远把人民对美好生活的向往作为奋斗目标"；

　　"新时代我国社会的主要矛盾是人民日益增长的美好生活需要和不平衡不充分的发展之间的矛盾，必须坚持以人民为中心的发展思想，不断促进人的全面发展、全体人民共同富裕"；

　　"第二个阶段，从2035年到本世纪中叶，在基本实现现代化的基础上，再奋斗十五年，把我国建成富强、民主、文明、和谐、美丽的社会主义现代化强国。"——"美丽"被写入强国目标……

　　人们内心世界升起来强烈的愿望：不但要"富起来，强起来"，还要"美起来"！

　　可以理解，随着人民生活水平的提高，追求美，越来越成为人们生活中的需要。因此，美育必然成为人民生活中，尤其是当前教育事业中，特别引人关注的事情。

　　美是精神世界中真善美的最高端，是人类的最高境界，然而，达到这个目标要走很长的路，对此应该有充分估计。

因此，对美育在中小幼学校的推进，我主张"顶天立地，积极创新"。

（一）"顶天"意味着要有认识的高度

当前，我们这个社会并不缺少对美的兴趣，但是缺少对美的神圣性的尊重，而没有对美的神圣性尊重的兴趣，只能是浅薄庸俗的兴趣，例如，表现在20世纪末风行起来的"选美"；认为"颜值高于品质，身材压倒人才"。

认识要达到的高度，主要是两个方面：

美育是重要的

美育为什么重要？可以用一句话回答：美育能够使孩子获得一生的幸福。因为真正的幸福是达到自由而全面的发展。美育就具有让孩子获得自由而全面的发展，也就是获得幸福的功能。

创造美的人本身就是美的，表现实践美的主体在本质和形象上也是美的。如果人们不能以美好的理想为目标，不能超出狭隘的物质享受，不能通过占有物而全面地占有自己的本质，从而以全部感觉在对象世界中肯定自己，在各个领域中确立自己的主体地位，就不能在自我创造的世界中得到精神上的满足，也就不能成为完善、自由的主体。由于美是使人成为主体，彻底摆脱动物界的最后环节，是人的主体性得到全面实现的标志，因此，美是人生价值的最高追求或最高境界。[①]

美育是垫底的

美育能够夯实人生的最深根基。从人的发展看，美育是根基性质的教育，它表现在：美能够解放思想、开启心灵；美使儿童思维迅速发展；美能影响心灵的敏感与细腻；美使孩子易于接受道德教育；美能够使孩子最终发现美的自我。

美育的根基性质，就表现在习近平总书记所说的："这就像穿衣服扣扣子一样，如果第一粒扣子扣错了，剩余的扣子都会扣错。人生的扣子从一开始就要扣好。"有了美育"垫底"，其他的教育就能够比较顺利地进行了。

---

① 索雪瑞：《美：人生价值的最高形态》，《理论与现代化》2004年第2期。

（二）"立地"意味着要从现实出发

《意见》提出：2015年起全面加强和改进学校美育工作。到2018年，取得突破性进展，美育资源配置逐步优化，管理机制进一步完善，各级各类学校开齐开足美育课程。到2020年，初步形成大中小幼美育相互衔接、教室教学和课外活动相互结合、普及教育与专业教育相互促进、学校美育和社会家庭美育相互联系的具有中国特色的现代化美育体系。

针对学校美育改革发展中存在的突出问题，《意见》提出了四个方面的举措：

一是构建科学的美育课程体系。主要解决美育课程体系建设的科学化问题，包括科学定位各级各类学校美育课程目标、开设丰富优质的美育课程、实施美育活动的课程化管理。

二是大力改进美育教育教学。主要解决改进美育教育教学的基本思路和抓手的问题，包括深化学校美育教学改革、加强美育的渗透与融合、创新艺术人才培养模式、建立美育网络资源共享平台、注重校园文化环境的育人作用、加强美育教研科研工作。

三是统筹整合学校与社会美育资源。主要解决美育师资和资源整合问题，明确提出在现有的教室教学、课外活动、校园文化三位一体基础上，进一步构建学校、家庭、社会多位一体的美育协同育人机制。

四是保障学校美育健康发展。主要解决进一步完善美育管理机制的问题，包括加强组织领导、加强美育制度建设、加大美育投入、健全美育评价制度、加强美育质量监控和督导。

《意见》还根据工作需要，比较有针对性地提出来"两个统筹""三个原则"等具体要求，应该说这是一个经过调查研究然后产生的务实的、便于操作的《意见》。

现在，世界的发展很快，除了面上贯彻《意见》，还需要在试点地区进行一些新的探索。

例如有的学者提出了"幸福之人，审美之人，理智之人，道德之人的个体成长的目标系列"。"我们以7岁为一个单元，把个体发展大致分为四个阶段，即自然情感教育阶段、审美—文化教育阶段、理智—创造教育阶段、理性—伦理教育阶段，每个阶段的年限为七年。……我们的用意十分明显，那就是要尽可能地延长个体发展早期的感性生命孕育阶段，尽可能充分地保障个体发展早期，也就是0—7岁阶段，个体的自然发展与情感渗透作为个体发展与教育的根本性主题；个体发展初期，也就是7—14岁阶段，个体的感性审美能力达到充分提升与个体在审美教育中获得文化价值的优雅浸润，由此而延缓个体的成人化，尽可能地保卫童年，从而为个体将要遭遇的学业竞争与应试压力提供良好的审美趣味与生命底蕴。" ①

（三）"创新"意味着要勇攀高峰

美育的道路虽然很长，但是美好的远景是那么吸引人。"十全十美虽无法达到，但却值得追求"。探索有中国特色的美育道路，就需要有勇攀高峰的精神。当然，首先要充分估计困难。

美育是艰难的

现在，许多人已经开始重视艺术活动。艺术活动虽然有助于感受美、创造美能力的培养，但是并不等于美育。当纳粹分子拉着小提琴把犹太人送进焚烧炉的时候，当传媒大学学生把同学残忍地杀死的时候，他们缺失的是什么？我认为，当前整体对美的本质认识并不准确，美育的措施并不到位，这应该引起全社会的关注。

美能够使人达到最高境界，然而美育的彻底实现，又是与人类的彻底解放相联系。马克思说的所谓"人也按照美的规律来构造"，这只能是指人类的历史解放之后才出现的状态，而不是指只要世界上出现了人类就开始了的状态。不要忘了，目前中国仍然处在社会主义的初级阶段，不可能达到彻底解放。因此，真正完美地实现美育，任重而道远！

"美"的真正诞生赖以实现的历史条件在于，"对私有财产的积极的扬弃"。因为只有这样，才能实现这一点："人以一种全面的方式，就是说，作为一个总体的人，占有自己的全面的本质。"

只有以扬弃的方式超越私有财产，人才能成其为真正意义上的"人"，从而能够以"人"的方式同世界"相遇"。这时候，"美"的发生才真正成为可能。正是在这个意义上，马克思说："对私有财产的扬弃，是人的一切感觉和特性的彻

---

① 刘铁芳：《走向整全的人：个体成长与教育的内在秩序》，《教育研究》2017年5期。

底解放；但这种扬弃之所以是这种解放，正是因为这些感觉和特性无论在主体上还是在客体上都成为人的。"人们历史地超越以现代私有制为基础的占有关系，换言之，人的这种历史解放的结果，就意味着人"诗意地栖居于世"。

所以，在马克思那里，审美不仅是一种历史活动，而且是一种历史解放活动。它并不是只要有了人就存在着，而是只有在人类的历史解放实现之后，即人真正地进入了人的历史之后才开始进行的活动。只有在这时，人才不再以占有者的姿态同世界"相遇"，从而"诗意地栖居于世"才真正成为人在"类"的存在方式层面上的真实。①

美育与人的道德发展阶段也有关系。"哲学家、教育家、心理学家们正在思考这样一个问题，这也是社会的共产主义改造中最复杂的问题之一：如何才能使劳动成为人的自然需要？只有当每个人都在人们所创造的世界中看到和感觉到自身美的时候，我们的社会才会上升到道德发展的这一个阶段。"②

苏霍姆林斯基生前留下的十个教育难题中，有一个就是"劳动与情感—审美教育的统一"的问题。他指出："人在通过劳动认识世界的同时创造美，从而确立起对劳动、创造和认识的美感，这时才能达到劳动与情感—审美教育的统一。创造劳动的美，这是一个完整的教育领域，遗憾的是，这同样是教育学上一块未开垦的处女地。"③

美育是无限的

美没有终点，一个孩子，随着阅历的增加，会发现和想象出越来越美的东西。人类随着自己的发展，对美的创造也是没有止境的。

随着人类的解放，美的内容会得到越来越多的发展，美的发展会达到越来越高的境界。美学的提升，已经达到了元理论的高度，为价值论的形成奠定了基础。

真正的美，只有人类才有，而且只有人类能够把美不断提升到新的高度。

世界之大，无处不彰显着美的神圣性，前提是你必须怀有对美的神圣性的向往和尊重。

---

① 何中华：《论马克思对"美"的历史地领会》，《晋阳学刊》2010年第3期。
② 苏霍姆林斯基：《育人三部曲》，人民教育出版社，1998，第355页。
③ 苏霍姆林斯基：《育人三部曲》，人民教育出版社，1998，第636页。

随着时代的发展变迁，美的范围和对象愈益扩大……美是那样宽广丰富、多种多样啊。如果世界上只有一种美，永恒不变，那该多么单调乏味！美学不应该是封闭的体系，而应该是开放的课题。那么美是什么和美在哪里，你就自己去探索、体会、寻求、创造吧。雄姿娇态均为美，万紫千红总是春，美的秘密等待着你去发现。①

我国著名的社会学家费孝通在当代鲜明地提出"各美其美，美人之美，美美与共，天下大同"的理想。我想这就是我们的美育要继续探索之路。

共美才是大美

走进中央民族大学附属中学，能看到醒目的校训："各美其美，美美与共"，这八个字不仅是一句简单的校训，还与民大附中开展的"共美教育"息息相关。田林校长以自己近20年的基层教育者的经验，分享了他对民族教育工作，尤其是美育方面的真知灼见。

他说，对于美的界定，是说一个个的个体，在一个个方面，在一个个阶段自然的、自由的呈现，自信、自强的追求，自觉、自发的完善过程，就是"个美"。实际上每一个人都可以有个美的，都可以呈现个美的。如果我们每一个个体都是呈现自己的个美，这就是我们讲的各个都可以美。这些各个的美、分别的美把它聚集在一起，就可以寻求形成我们的共美。共美是相互包容、相互存在、相互认同、共同追求的一种境界。所以，如果都能追求到共美了，天下就大美了。

美育的终极目标就是由呈现美、展示美、演绎美到追求美、创造美、成就美。因为创造美不仅仅是个体的，是要把这个美带给他人，带给大家，带给社会，带给人类，这才是最终极的目标。如果一个人享受美是独美，那么大家一起享受美才能共美，才是大美，才是壮美。

看来，探索美育的历程，从贯彻《意见》开始，还有一段很长的路要走。

---

① 李泽厚：《李泽厚论教育·人生·美》，华东师范大学出版社，2011，第48页。

后　记

　　写这两本美育的书（另一本是《和家长谈美育》），比写其他书更加受到大家的关注。朋友们争先恐后地献计献策，自动地在网上展开对美育、美学的讨论。

　　出现这一股热潮，一方面是由于中国人民随着生活水平的提高，对美的追求更加强烈；另一方面，在党的十九大的报告中，具有历史意义地、鲜明地提出来"美好生活""美丽中国"的概念。

　　写书过程中，我越来越理解了美育的价值。美育是重要的，它是人类最高境界，具有人的最高本质，是新时代要完成的任务；美育是垫底的，它是人的发展的最深的，不可或缺的根基；美育是艰难的，美学是最复杂的学科，美育尚在艰难的实践探索之中；美育是无限的，随着人类的发展，美育也在发展，这个发展是无止境的。李泽厚在文章中谈到他已经不研究美学了，是因为心理学、生理学的研究还不能提供更丰富的依据。当然，整个人类对美的追求永远不会停歇，这是毫无疑问的。

　　《和中小幼教师谈美育》，是在山西教育出版社潘峰老师等编辑的精心编辑下，在大家的热情帮助下完成。写作过程中我研读了51本与美育有关的著作，各种文章三百篇左右。近两年在《河南教育》连续发表"美育杂谈"二十余篇，然后在听到各种反映后，加以改进，这成为本书的重要基础。

　　本书比较多地引用了苏霍姆林斯基、李泽厚、杜卫的著作，或因为他们的理念比较透彻、好懂；或因为他们有丰富的实践经验。本书还大量地引用了学校的宝贵经验，绝大部分注明了报刊出处，个别的由于各种原因无法标明的，请作者与我联系。

　　走向美的道路是艰难的，然而又是幸福的，我深信会有越来越多的人，与我们同行。